동아시아의 교통로와 대외관계

동양학연구총서 ⑦

동아시아의 교통로와 대외관계

단국대학교 동양학연구원 편

단국대학교출판부

간행사

단국대학교 동양학연구원은 1970년에 설립된 이래 지난 40여 년 동안 한국문화를 축으로 한 동아시아의 전통문화에 대한 다양한 연구 성과들을 축적해 왔다. 이러한 성과를 바탕으로 2011년에는 교책 중점연구기관으로 지정되었으며, 이를 계기로 연구의 외연을 넓히기 위해, 연구과제 1 · 2팀을 구성하여 동아시아의 역사와 문화 전반을 대상으로 보다 심층적으로 분석 · 검토하는 연구를 진행하게 되었다.

연구과제 1팀은 「동아시아의 문명교류」를 대주제로 하여 연구를 진행하고 있다. 이 연구프로젝트는 한국문명을 보다 잘 이해하기 위해서는 중국·일본·몽골 등 동아시아 각국과의 문명교류의 실체를 함께 조명해야 한다는 문제의식에서 출발하였다.

최근 동아시아는 활발한 교역과 교류를 통해 보다 긴밀해지고 있다. 그런 반면에 한편으로는 '동북공정', '독도 문제' 등에서 보는 바와 같이 자국 중심의 폐쇄적인 경향도 나타나고 있다. 이는 동아시아 공동체에 대한 상호인식이 부족한 탓이라고 해도 좋을 것이다. 따라서 일국사(一國史)를 넘어 다양한 시각에서 역사를 이해하려는 인식의 전환이 필요하다. 동아시아 각국의 편향적인 연구 시각을 해소하고 한국과 동아시아의 문명교류 연구를 활성화하기 위해서는 객관적이고도 체계적인 연구가 진행되어야 할 것이다. 문명 교류 연구는 한국문명의 정체성을 고립적으로 파악할 것이 아니라, 세계사적 시각에서 보편성과 특수성을 함께 고려해야 한다. 그리고 한국문화의 정체성을 논하기 위해서는 중국·일본·몽골 등 동아시아 각국이 진행한 문명교류의 실체를 함께 조명해야 할 것이다.

이러한 시각을 갖고 연구과제 1팀은 2012년에는 “동아시아의 교통로와 대외관계”를 주제로 연구를 진행하였고, 2013년에는 “동아시아의 영역과 대외관계”에 대한 연구를 진행하고 있다. 이번 연구총서는 1년차 연구 “동아시아의 교통로와 대외관계”에 대한 연구 성과를 묶은 것으로 이종수, 전덕제, 김영제, 김철웅 교수의 연구 논문 5편으로 구성하였다.

먼저, 「부여의 대외교류와 교통로 연구」는 부여와 주변 국가들과의 대외 교류 양상을 살펴보고, 이를 통해 주요 교통로와 거점도시를 파악해 보고자 하였다. 부여는 700여년에 이르는 긴 역사 동안 중원왕조, 고구려, 읍루, 옥저, 그리고 탁리국, 선비 등의 북방세력들과 밀접한 교류 관계를 맺고 있었다. 이 글은 그동안 학계에서 연구가 전무했던 부여의 교통로를 다루었다는 점에서 의의가 있다.

「신라의 대중 · 일 교통로와 그 변천」은 역사적 전개에 따라 신라와 왜 · 중국의 교통로가 어떻게 변화되었는가를 살핀 것이다. 여기서 저자는 신라가 6세기 중엽 이후에 주로 신라도를 이용하여 중국과 교통하다가 하대에 이르러 서해 남부 사단항로(斜斷航路)를 이용하는 사례가 크게 늘어났다는 점과 신라가 초기에는 울산 · 부산 방면에서 대마도를 경유하는 교통로를 주로 이용하여 왜와 교류하다가 9세기 이후에 전남 해안 및 경남 하동에서 일본의 오도열도를 연결하는 교통로를 널리 활용한 사실 등을 새롭게 규명하였다.

「고려사절에 대한 북송 정부의 예우」는 북송 신종대에 중국에 갔던 고려 사절의 예우 문제를 살펴보았다. 연구에 따르면 북송이 고려 사절을 예우를 했던 배경은 송나라의 적국인 거란을 견제하기 위해서였다. 그러나 이 예우가 전례가 되어 이후 청조에 이르기까지 중국왕조는 우리나라의 사절에 대해서 극진히 예우하였다. 한번에 200~300명에 달하는 사절단을 상경시키고, 황제가 모두 이들을 접견하였다. 이로써 그 연인원을 따진다면 고려나 조선의 상층부에 적지 않은 수의 친중 인사를 양산했을 것으로 추정하였다. 중국왕조는 이 같은 예우를 통해 중국은 자국의 울타리를 튼튼히 했고, 다른 한편으로는 우리나라로 하여금 중국의 문화나 문명을 긍정적으로 받아들이게 하는 데에 상당한 작용을 하였다고 한다.

「고려와 원 · 명의 교통로」는 개경과 연경이 가장 활발하게 연결되었던 고려 · 원 시기에 주목하였다. 특히 원의 양경(兩京)에 주목하여 개경과 상도 간의 교통로, 그리고 대도와 상도 간의 교통로를 살펴보고 있다. 또한 원 · 명 교체기에 개경과 명의 북평(연경)이 교통하고 있었던 사실을 조명하였다. 이를 통해 개경과 상도, 개경과 대도(연경 · 북평) 등의 경로를 통해 양국 간의 활발한 교류를 확인하고 있다.

「이숭인의 봉사록과 사행로」는 고려 말에 개경과 명 남경의 사행로를 살펴본 것이다. 이숭인은 명에 두 번의 사행을 다녀왔으며 사행 과정을 시로 남겨 「봉사록」이라 하였다. 1·2차 사행의 「봉사록」에 의하면 당시 고려 개경과 명 남경 간의 사행로는 요동반도에서 산동반도를 건너가는 육로와 해로의 겸용 노선이었다. 그 길은 개경을 출발하여 압록강을 건너 요동으로 간 다음에 요동반도로 남하하여 발해를 건너 등주에 도착한 후 육로와 수로를 따라 남하하여 남경에 이르렀다.

이상의 연구 성과를 묶은 이번 총서의 발간을 계기로 하여 동아시아의 문명교류사를 보는 시각이 보다 확대되기를 기대하며, 이러한 동아시아 문명 간의 교류 연구는 한국문명의 정체성을 정립할 수 있는 초석이 될 것으로 확신한다.

끝으로 이번 연구를 물심양면으로 지원해 주신 단국대학교 장호성 총장님에게 깊은 감사의 말씀을 드리며, 아울러 어려운 가운데서도 이 책의 출판을 위해 정성을 다한 단국대 출판부 관계자에게도 사의를 표하는 바이다.

2014년 2월

단국대학교 동양학연구원장

서 영 수

목 차

제3장 고려사절에 대한 북송정부의 예우

- 김영제

제4장 고려와 원(元)·명(明) 간의 교통로

- 김철웅

제5장 이숭인의 「봉사록」과 사행로

- 김철웅

제 1 장

부여의 대외교류와 교통로 연구

이종수*

Ⅰ. 머리말

부여는 기원전 2세기를 전후하여 동북아의 혼란스러운 국제 정세 속에서 제2송화강 유역에 처음 세력을 형성한 이후, 점차 주변으로 세력을 확장하여 고조선 연맹이 붕괴된 기원전후한 시기에 동북 지역의 절대강자로 군림하게 된다. 494년 멸망하기 전까지 대략 700여 년에 이르는 존속기간 동안 부여와 주변국들 사이에는 많은 대외 교류가 있었을 것이다.

부여의 대외관계를 파악할 수 있는 자료로는 『후한서』, 『삼국지』, 『진서』, 『위서』, 『자치통감』, 『삼국사기』, 『삼국유사』 등이 있다. 이들 사서의 내용을 정리해 보면, 중국의 경우 한(漢),

* 단국대학교 역사학과 부교수

위(魏), 진(晉) 왕조가 부여의 교류 대상국이 되며, 동북 지역 내에서는 동북쪽의 읍루, 물길, 말갈과 동쪽의 옥저, 남쪽 고구려 등과 밀접한 교류 관계를 맺고 있다. 북방 지역의 경우 부여의 출자인 탁리국(橐離國)과 선비(鮮卑), 특히 모용선비가 세운 전연(前燕)과 가장 밀접한 관계를 형성하고 있다. 그러나 당시 이러한 세력들과 구체적인 교류 관계를 파악할 수 있는 자료가 극히 제한적이기 때문에 그 동안 이와 관련된 연구 특히 주변국들과 교류에 이용된 교통로를 분석한 연구는 거의 전무하다고 할 수 있다.

부여의 주요 교통로를 파악하기 위해서는 부여의 지방 통치체제에 대한 이해가 우선되어야 한다. 부여의 통치체제는 왕이 직접 다스리던 중앙과 마가, 우가, 저가, 구가 등의 제가(諸加)에 의해 다스려지던 '사출도(四出道)'로 구분되는데,[1] 이는 흉노나 고구려에서 보이는 5부제와 유사하다고 할 수 있다. 즉 부여에는 왕이 직접 지배하던 도성을 중심으로 사방으로 뻗어나간 교통로가 형성되어 있었고, 주요 교통로에는 '가(加)'들에 의해 다스려지는 거점도시가 형성되어 있었음을 알 수 있다.

고대 국가에서 사용한 교통로를 확인하기 위해서는 많은 점이 고려되어야 한다. 우선 관련 유적과 유물에 대한 분석을 통해 고대 사람들이 주로 이용하였을 것으로 파악되는 주랑을 확인하여야 하며, 계곡과 강 등에 대한 자연과학적인 지형분석을 통해 교통로로 이용되었을 가능성이 있는 모든 노선을 파악해야 한

---

1) 이병도, 「夫餘考」, 『韓國古代史研究』, 博英社, 1976.

다. 더불어 과거 교통로와 현재 교통로를 비교분석하고, 구글 지도를 통해 입체적 분석이 이루어진다면 고대 교통로의 복원이 어느 정도는 가능하리라 생각된다.

이러한 전제를 바탕으로 이 글에서는 부여와 주변 국가들과의 대외 교류 양상을 분석해 봄으로써, 부여의 중요 거점을 파악해 보고 이를 통해 당시 대외교류에 사용되었던 교통로를 복원해 보고자 한다. 이를 위해 먼저 한, 위, 진 등 중국 왕조와의 대외 교류 양상을 분석해보고, 이를 토대로 중원왕조와의 교류에 사용되었던 거점과 교통로를 검토해 보도록 하겠다. 다음으로 고구려, 옥저, 읍루 등 동북 지역 주변 세력과의 교류관계와 거점, 그리고 교통로를 살펴보고, 마지막으로 부여의 출자인 탁리국과 부여 멸망에 결정적 타격을 입힌 전연과의 대외교류와 거점, 교통로 등도 함께 분석해 보도록 하겠다.

II. 한, 위, 진과의 교류와 교통로

부여가 처음 문헌기록에 등장하고 있는 것은 한대(漢代)부터이다. 즉 『史記·貨殖列傳』에 "夫燕……北鄰烏桓夫餘, 東綰濊貊朝鮮眞番之利"라는 기록을 통해 보면 당시 부여의 존재가 이미 한에 알려져 있음을 알 수 있다. 그러나 이 기록을 통해서는 당시 부여가 오환의 주변에 위치해 있었다는 것을 확인할 수 있을 뿐, 부여와 전한과의 직접적인 교류는 확인할 수 없다. 당시의 국제정세 속에서 부여와 한 사이에는 흉노와 위만조선이라는 강력한 세력이 존재하였기 때문에 두 지역 간에 직접적인 교류는 어려움이 있었을 것으로 추정된다. 양자 간의 직접적인 교류가 이루어지기 시작한 것은 한 무제의 흉노와 위만조선에 대한 정벌 이후부터로 볼 수 있다. 이러한 내용은 왕망이 신(新)을 세우고 주변국의 인수(印綬)를 교체할 당시, 부여가 포함되어 있는 것을 통해 볼 때, 전한 시기에 이미 양국간에 외교관계가 형성되어 있음을 알 수 있다.[2)]

후한대에 들어 직접적이고 우호적인 관계로 발전하고 있는데, 이는 후한을 건립한 광무제가 제융(祭肜)을 요동태수로 임명하여 동북 지역의 각 소국들과 관계 개선에 노력한 결과였다. 이로 인해 49년에 부여가 처음으로 후한에 사신을 보내고 있고, 광무제 역시 매년 사신을 왕래할 수 있도록 하고 있다.[3)] 이후에도 후한이 멸망하기 전까지 부여는 120년, 136년, 161년 세 차례에 걸쳐 사신을 파견하고 있다.[4)]

그럼 당시 후한과의 교류에 사용되었던 대중국 교통로는 어떤 루트였을까? 이를 확인하기 위해서는 먼저 부여와 요동 지역에 있던 한 군현과의 관계를 살펴볼 필요가 있다. 기록에 의하면 부여는 121~122년 사이에 한의 현도성에 침입한 고구려·마한·예맥 연합군을 세자 위구태를 보내 물리치고 있다.[5)] 또한 역대 부

2) 송호정, 「夫餘」, 『한국사4-초기국가(고조선·부여·삼한)-』, 국사편찬위원회, 1997, 193쪽.
3) 『後漢書』 卷85, 列傳75, 東夷夫餘國.
4) 『後漢書』 卷85, 列傳75, 東夷夫餘國.

여의 왕은 죽은 후에 옥으로 만든 관을 사용하였는데, 한에서 미리 옥갑(玉匣)을 현도군에 가져다 놓고 왕이 죽으면 가져다 쓰게 했다는 기록[6]을 통해 보면, 두 왕조간의 교류는 초기 현도군을 통해 이루어지고 있음을 알 수 있다.

현도군은 치소를 3번에 걸쳐 옮기고 있다. 즉 기원전 107년에 설치된 제1현도군 치소, 기원전 75년에 옮겨진 제2현도군 치소, 그리고 106년에 옮겨진 제3현도군 치소로 나눌 수 있다. 제1현도군 치소에 대해서는 많은 이견이 존재하고 있으며,[7] 아직까지는 정확한 위치 비정이 이루어지지 않고 있다. 기원전 75년에 옮겨간 제2현도군 치소는 요령성 신빈현(新賓縣) 영릉남성지(永陵南城址)로 비정되고 있는데, 최근 이 유적에 대한 발굴이 이루어져 관련 자료가 대거 확인되었다.[8] 106년에 옮긴 제3현도군

---

5) 『後漢書』 卷85, 列傳75, 東夷夫餘國 ; 『三國史記』 卷15, 高句麗本紀3, 太祖大王 69年 12月·70年.

6) 『後漢書』 卷85, 列傳75, 東夷夫餘國.

7) 金美炅, 「第1 玄菟郡의 위치에 대한 재검토」, 『실학사상연구』24, 무학실학회, 2002.

8) 중국에서는 최근 영릉남성지의 성격을 파악하기 위해 2004년부터 2008년까지 5차에 걸쳐 성지에 대한 발굴을 진행한 바 있다. 자세한 발굴 내용은 아래 자료를 참고하기 바란다.

呂學明, 「新賓縣永陵漢代城址」, 『中國考古學年鑑』 2005, 文物出版社, 2006.

李新全·李龍彬, 「新賓縣永陵漢城址」, 『中國考古學年鑑』 2006, 文物出版社, 2007.

熊增瓏, 「新賓永陵南城址」, 『中國考古學年鑑』 2007, 文物出版社, 2008.

李新全·蘇鵬力, 「新賓縣永陵南城址」, 『中國考古學年鑑』 2008, 文物出版社, 2009.

李新全·苏鹏力, 「抚顺市新宾永陵南城址」, 『中國考古學年鑑』 2009,

치소는 무순시(撫順市) 혼하(渾河) 남쪽의 노동공원(勞動公園) 토성으로 비정되거나, 혹은 심양과 무순의 경계에 위치한 상백관성지(上伯官城址)로 비정되고 있다.[9] 기원전 107년부터 기원전 75년까지 32년간 존속했던 제1현도군 치소의 경우 그 위치 비정에 많은 이견이 존재하고 있고, 문헌기록에도 당시 양국간의 교류관계를 확인할 수 있는 자료가 없기 때문에 본문에서는 논의에서 제외토록 하겠다. 부여와 중원왕조 간에 본격적인 교류가 이루어지고 있는 후한 성립기에 현도군치는 이미 신빈 영릉남성지일대로 옮겨온 이후였고, 부여와 후한의 교류가 가장 빈번하게 이루어지고 있는 2세기에는 현도군 치소가 무순 노동공원 토성 혹은 상백관성지로 옮겨지고 있다.

제2현도군치와 제3현도군치는 모두 현재의 요령성 무순시지구 혹은 그 경계에 속해 있어, 당시 부여와 현도군의 교통로는 부여의 전기왕성인 현재의 길림성 길림시에서 요령성 무순시로 연결되는 노선임을 알 수 있다. 길림시에서 무순일대로 가기 위해서는 길림합달령과 길료분수령이라는 큰 산맥을 넘어야 하기 때문에 이 교통로는 비교적 넘기 쉬운 산맥의 주랑을 따라 연결되고 있다. 이 루트는 일찍이 한대에 부여에 이르는 주요 교통로로 인식되어 왔으며,[10] 근현대까지도 가장 많이 이용되고 있

文物出版社, 2010.

국립문화재연구소, 『중국동북지역고고조사현황-요령성편-』, 2012, 130쪽.

9) 윤용구, 「소자하유역의 중국군현과 교통로」, 『한중관계사상의 교통로와 거점』, 동북아역사재단, 2011.

10) 王綿厚·李健才, 『東北古代交通』, 沈陽出版社, 1990, 35~38쪽 참조.

는 교통로 중에 하나이다.

구체적인 노선을 살펴보면, 부여의 왕성으로 추정되는 길림시 모아산 일대를 출발하여 남서쪽으로 제2송화강을 건넌 후에 제2송화강의 지류인 오리하(五里河)를 따라 남쪽으로 내려와 영길현(永吉縣)에 이르고, 여기서 서쪽으로 오리하의 지류를 거슬러 올라가 길림합달령을 가로질러 연통산진(煙筒山鎭)으로 이어지고 있다. 연통산진에서 남쪽으로 내려와 반석시(磐石市)로 이어지며, 다시 휘남(輝南)을 지나 휘발하 상류를 거슬러 올라가 매하구시(梅河口市)로 이어지고 있는데, 이 구간은 비교적 평탄한 충적평원지대이다. 휘발하와 혼하가 동서로 갈라져 발원하는 길료분수령을 넘으면, 혼하를 따라 청원만족자치현(清原滿族自治縣)을 거쳐 무순에 이르는 노선이다. 최근 조사된 자료에 의하면 무순에서 통화현 적백송고성(赤柏松古城)에 이르는 구간에 한대 봉수열이 확인되었다.[11] 이를 통해 당시 무순에서 소자하(蘇子河)를 따라 통화와 환인까지 연결되는 교통로가 개설되어 있음을 확인할 수 있다. 그러나 길림에서 무순에 이르는 교통로상에서는 당시 거점 지배에 필요했던 성곽유적이나 봉수열이 확인되지 않고 있어 향후 이 구간에 대한 정밀 조사의 필요성이 제기된다.

---

11) 趙海龍·王利, 「通化縣秦漢長城」, 『中國考古學年鑑』 2010, 文物出版社, 2011.
李樹林·李妍, 「通化渾江流域燕秦漢遼東長城障塞調査」, 『東北史地』 2, 2012.
국립문화재연구소, 『중국동북지역고고조사현황-길림성·흑룡강성편-』, 2012, 126쪽.

앞에서 살펴본 부여 도성과 현도군을 잇는 교통로 외에도 부여와 한 사이에는 또 다른 교통로가 존재할 가능성이 있다. 이는 한 헌제(181~234년) 시기에 부여가 한에 자신들의 교류 대상을 현도군에서 요동군으로 바꿔 줄 것을 요구하고 있는 기록[12]과 167년 부여왕 부태(夫台)가 2만여 명의 군사를 이끌고 현도군을 침략했다는 기록[13] 등을 통해 볼 때, 현도군을 통하지 않고 직접 요동군의 치소인 양평(襄平, 현재의 요령성 요양시)으로 갈 수 있는 노선이 있음을 알 수 있다. 길림에서 요양으로 갈 수 있는 최단 경로는 길림시에서 쌍양(雙陽), 이통(伊通)을 지나 요원(遼源)을 거쳐 요령성 서풍(西豊)과 개원(開原), 철령(鐵嶺) 일대로 나와 심양을 지나 요양에 이르는 노선이다.

구체적으로 길림시 모아산 일대에서 출발하여 서쪽으로 송화강을 건너 대흑산산맥과 길림합달령 사이의 넓게 형성된 충적평원과 낮은 구릉지대를 따라 차로하진(岔路河鎮)을 거쳐 쌍양으로 이어지고, 이통만족자치현을 지난 후에 남쪽으로 방향을 틀어 요원시에 도달한다. 여기서 다시 서쪽으로 길료분수령을 넘어 구하(寇河)를 따라 개원까지 이어지고, 개원에서 청하(淸河)를 따라 철령을 지난 후에 심양을 거쳐 요양에 이르는 노선이다. 이 노선은 한 성립 이전 시기에도 사용되었을 가능성이 많은데, 이는 이 노선의 길목인 요원, 서풍, 개원 등에 기원전 3~2세기에 해당하는 동료현 석역(石驛)유적, 서풍 서차구(西岔溝)유적, 개

12) 송호정(1997), 앞의 글, 195쪽.
13) 『三國志·魏書』 卷30, 烏桓鮮卑東夷傳30, 夫餘.

원 구태유적 등이 확인되고 있다는 점에서 전국시대 혹은 한초부터 중원과의 교류에 이용되었을 것으로 추정할 수 있다.

이 노선 중 이통에서 개원에 이르는 구간은 또 다른 루트를 상정해 볼 수 있다. 즉 이통에서 남쪽의 요원으로 가지 않고, 서쪽으로 직진하여 소고산진(小孤山鎭)을 거쳐 동요하(東遼河)와 고산하(孤山河)가 합류하는 지점을 건너 석령진(石嶺鎭)을 넘은 후, 구하(寇河)의 지류인 대산하(大山河) 따라 서남쪽으로 내려와 남성자(南城子)저수지 부근에서 구하에 합류하여 개원으로 이어지는 노선이다. 이 노선 역시 중간지점인 동요하와 고산하가 합류하는 지점, 즉 현재의 이용호 저수지 주변에 전국시대 성지[14]가 위치해 있다는 점에서 이 구간 역시 이른 시기부터 사용되었을 가능성이 있다.

위·진에 들어서도 부여와 밀접한 교류관계가 유지되고 있다. 244~245년 위 유주자사 관구검이 고구려를 침공할 때, 현도태수 왕기가 부여에 군량을 요청하자 부여에서는 이들을 후하게 대접하고 군량을 제공하고 있다.[15] 진은 285년 모용외의 침입으로 부여의 도성이 함락되자, 동이교위 하감을 보내 부여 왕실을 복원하고, 포로로 잡혀가 중원 지역으로 팔려나간 부여인들을 사서 돌려보내는 등 우호적인 관계를 지속적으로 유지하고 있다.[16] 당시 부여가 위진과 밀접한 관계를 맺을 수밖에 없었던

---

14) 王洪峰, 「梨樹縣二龍湖戰國城址」, 『中國考古學年鑑』 2003, 文物出版社, 2004.

洪峰, 「二龍湖古城」, 『田野考古集粹』, 文物出版社, 2008.

15) 『三國志·魏書』 卷30, 烏桓鮮卑東夷傳30, 夫餘.

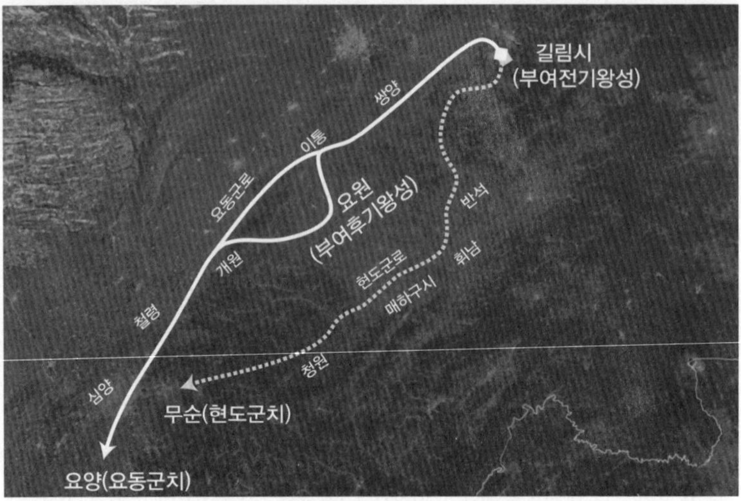

〈그림 1〉 현도군, 요동군 교통로

원인은 남쪽으로는 고구려, 서쪽으로는 모용선비의 압박을 받고 있었기 때문에, 이들 세력과 대항하기 위해 당시 요동을 차지하고 있던 중국 군현과 밀접한 교류관계를 형성할 필요가 있었다. 위진 역시 모용선비와 고구려를 견제하는 데 부여의 힘을 이용하는 것이 유리했기 때문에 부여와 밀접한 관계를 유지했던 것으로 볼 수 있다.[17] 그러나 3세기 들어 강성해진 모용선비가 요서 지역을 점령하고, 진이 양자강 이남으로 남천하게 되면서 부여와의 관계는 단절되고 만다.

부여와 위진과의 교류에 이용된 교통로는 한대의 교통로와 그다지 큰 변화가 없었던 것으로 보인다. 다만 현도군이 고구려에

16) 『晉書』 卷97, 列傳第67, 東夷夫餘國.
17) 송호정, 앞의 글, 196~197쪽.

의해 병합된 이후에는 길림에서 무순으로 이어지는 현도군로는 차단되고, 주로 요동군로가 사용되었을 것으로 추정된다.

Ⅲ. 고구려, 읍루, 옥저와의 교류와 교통로

1. 대고구려 교류와 교통로

부여와 고구려의 관계는 『삼국지』에 "東夷舊語以爲夫餘別種, 言語諸事, 多與夫餘同"[18] 이라는 내용과 「광개토태왕비문」에 "惟昔始祖鄒牟王之創基也出自北夫餘"라는 기록을 통해 볼 때, 고구려 건립 초기부터 두 나라 간에 밀접한 교류관계가 형성되어 있음을 알 수 있다.

초기의 대고구려 관계는 『삼국사기』에 비교적 상세히 기록되어 있는데, 그 내용을 분석해 보면 처음 부여와 고구려의 관계는 부여가 우위에 서 있다. 그러나 점차 고구려가 강대해지자, 부여는 이를 견제하기 위해 고구려의 왕자를 인질로 요구하고, 고구려가 이를 거절하자 가차 없이 공격을 가하고 있다. 즉 6년(유리왕 14년) 부여는 인질교환 거부를 명분으로 5만의 군대를 파견하여 고구려를 공격하였으나 추위로 실패하고,[19] 13년(유리왕 32년)에도 다시 고구려를 공격하는데, 이번에는 고구려의 매복

18) 『三國志·魏書』東夷傳, 高句麗.
19) 『三國史記』 卷13, 高句麗本紀1, 瑠璃明王 14年 正月, 11月.

에 걸려 학반령에서 참패하고 있다.[20]

대무신왕대에 이르면 전세가 역전되어 고구려가 부여를 공격하고 있다. 즉 22년(대무신왕 4년)에 고구려의 침입으로 두 군대는 부여 남쪽 변경의 소택지에서 대규모 전쟁을 벌이게 된다. 결과적으로 부여는 고구려의 침입을 막아내지만, 왕 대소가 죽고 다수의 군인이 전사하는 피해를 입고 있다. 이로 인해 지배층 내부에서 분열이 일어나 대소왕의 동생이 부여를 떠나 갈사국을 세우고 있고, 금와왕의 종제는 일만여 명을 이끌고 고구려에 투항하고 있다.[21]

2세기초에 들어서 양국 관계는 우호적으로 전환되고 있다. 77년(태조왕 25년)에 부여에서 고구려에 사신을 보내 뿔이 세 개 달린 사슴과 긴 꼬리를 가진 토끼를 바치고 있고,[22] 105년(태조왕 53년)에는 다시 호랑이를 보내고 있다.[23] 이밖에도 121년(태조왕 69년)에는 태조왕이 친히 부여에 와서 태후 사당에 제사를 지내고 있다.[24] 그러나 동년 12월에는 고구려, 마한, 예맥의 군대가 현도성을 침입하자 부여에서는 왕자 위구태를 보내 이들을 물리치고 있다.[25] 이로 인해 양국간의 우호적인 관계는 끝을 맺게 된다.

---

20) 『三國史記』 卷13, 高句麗本紀1, 瑠璃明王 32年 11月.
21) 『三國史記』 卷13, 高句麗本紀2, 大武神王 5年.
22) 『三國史記』 卷15, 高句麗本紀3, 太祖大王 25年 10月.
23) 『三國史記』 卷15, 高句麗本紀3, 太祖大王 53年 正月.
24) 『三國史記』 卷15, 高句麗本紀3, 太祖大王 69年 10月.
25) 『後漢書』 卷85, 列傳75, 東夷夫餘國 ; 『三國史記』 卷15, 高句麗本紀3, 太祖大王 69年 12月, 70年.

이 이후부터 5세기까지 두 나라간의 직접적인 교류 관계는 확인되지 않는다. 이는 고구려가 244년 위 관구검의 침입으로 왕실이 옥저로 피난가고, 342년에는 전연 모용황의 대규모 공격으로 인해 세력이 약화되었기 때문에 양국 간에 직접적인 교류가 없었던 것으로 보인다. 또한 관구검의 고구려 침입 시에 부여가 위나라 군대에 군량을 제공하고 있다는 점에서 당시 고구려와 부여는 적대적인 관계를 유지하고 있었던 것으로 판단된다.[26)]

5세기 들어 부여와 고구려 사이에 직접적인 충돌이 확인되고 있는데, 바로 410년에 일어난 광개토태왕의 부여 정벌이다.[27)] 부여를 정벌할 당시 고구려는 이미 한반도 남부의 신라와 가야를 복속시키고, 요동 지역을 점령한 후였다. 당시 부여는 선비족 정권인 전연에 신속되어 있었던 것으로 추정되는데, 고구려의 요동 점령은 선비세력과의 단절을 의미하는 것으로 주변국의 지원을 받을 수 없게 된 부여는 고립 상태에 이르게 되면서 고구려의 침입에 속수무책으로 당할 수밖에 없었다. 410년 광개토태왕이 공격한 부여의 64개 성과 1,400여 개소 촌락은 부여의 대부분 지역에 해당된다고 할 수 있다.[28)]

부여는 346년 "西徙近燕"하여 도성을 요원시 일대로 옮긴 상태였다.[29)] 도성을 옮긴 바로 직후 전연 모용황의 침입으로 왕

---

26) 이종수, 「高句麗의 夫餘진출과정 연구」, 『高句麗研究-廣開土太王과 東아시아 世界-』 21, 2005.

27) 당시 광개토태왕이 정벌한 나라는 동부여로, 동부여의 실체에 대해서는 많은 이견이 존재하고 있다. 본문에서는 동부여, 북부여, 부여를 하나로 보는 견해(林澐, 李建才 등)에 따르고자 한다.

28) 이종수(2005), 앞의 글.

현(玄)이하 5만여 명의 백성이 포로로 잡혀가는 치명적인 타격을 받게 된다.[30] 이 후 부여는 힘을 상실해 유명무실한 상태로 존속하게 되는데, 이로 인해 광개토태왕이 쉽게 부여를 정벌할 수 있었다. 이후 고구려는 점령한 부역 지역에 '수사(守事)'를 파견하여 직접지배 형식을 취하고 있다.[31] 그러나 457년 부여가 북위에 사신을 보냈다는 기록이[32] 보이는 것으로 보아 그때까지 부여 왕실이 존립해 있었다는 것을 알 수 있다. 이후 부여 국왕과 그 일족이 물길의 압박으로 494년 고구려에 망명하게 될 때까지 부여 왕실은 지속되고 있다.[33]

초기 부여와 고구려간의 교류에 이용된 교통로는 양국 사이에 있었던 전쟁 기사를 통해 그 단서를 찾을 수 있다. 즉 13년 부여가 고구려를 침략할 당시에 학반령에서 고구려군의 매복에 걸려 크게 패했다는 기록과 기원 22년 대무신왕이 부여 남쪽 변경의 소택지에서 부여와 커다란 싸움을 벌이고 있는 기록이다. 그렇다면 학반령과 부여 남쪽 변경의 소택지에 대한 위치 비정이 결국 대고구려 교통로를 파악할 수 있는 중요한 단서라 할 수 있다. 먼저 부여의 남쪽 변경 소택지는 기본적으로 습지와 수원이 풍부한 곳이어야 한다는 전제가 있어야 한다. 부여의 경역내에

29) 이종수, 『夫餘文化研究』, 길림대학 박사학위 논문, 2004, 5쪽.

30) 『晉書』 卷109, 載記9, 慕容皝 3年.

31) 이는 '牟頭婁墓誌銘'의 '令北夫餘守事'를 지냈다는 기록과 광개토태왕 때 북부여를 진수하였다는 내용 및 『魏書』 435年(北魏太武帝時), "高句麗北界已達舊夫餘疆域"란 기록을 통해서 확인할 수 있다.

32) 『魏書』 卷5, 帝記5, 高宗文成帝太安 3年 12月.

33) 『三國史記』 卷19, 高句麗本紀7, 文咨明王 3年 2月.

서 이러한 자연지형에 가장 적합한 곳은 현재 길림성 휘남현 일대가 유일하다. 즉 이곳은 휘발하와 일통하(一統河), 삼통하(三統河) 등 3개의 하천이 합류하는 곳으로 주변에는 넓은 충적평원과 작은 소하천, 호수, 습지 등이 거미줄처럼 엮여 있다. 이로 인해 이 지역은 일찍부터 고구려와 부여가 큰 싸움이 벌어졌던 곳으로 비정되어 왔으며, 휘발성을 중심으로 한 부여의 남부 거점으로 인식되어 왔다.34)

부여 남쪽 변경을 휘발하 유역으로 본다면, 학반령은 휘발하 남쪽에 위치해 있을 가능성이 매우 높다. 휘발하 남쪽에서 집안 국내성까지는 두 개의 산맥이 북동에서 남서 방향으로 가로막고 있다. 하나는 휘남에서 통화 혹은 백산으로 가기 위해 넘어야 하는 용강산맥(龍崗山脈)이며, 다른 하나는 통화와 백산에서 집안으로 가기 위해 넘어야 하는 노령산맥(老嶺山脈)이다. 지금으로서는 정확하게 학반령의 위치를 파악하는 데 어려움이 있으나, 분명한 것은 두 산맥 중 하나에 학반령이 위치해 있다는 것이다.

위의 내용을 통해 보면, 당시 부여와 고구려의 교통로를 대략 확인할 수 있는데, 길림시 모아산 일대의 도성에서 출발하여 현도군로를 따라 반석과 휘남에 이르고, 휘남에서부터는 노선이 두 갈래로 나뉘고 있다. 하나는 휘남현에서 직접 남쪽으로 내려가는 노선으로 성도 103번을 따라 판석하진(板石河鎭)-나통산진(羅通山鎭)-양수하자진(凉水河子鎭)-판석진(板石鎭)을 지나 백산

34) 이종수(2005), 앞의 글, 356쪽.

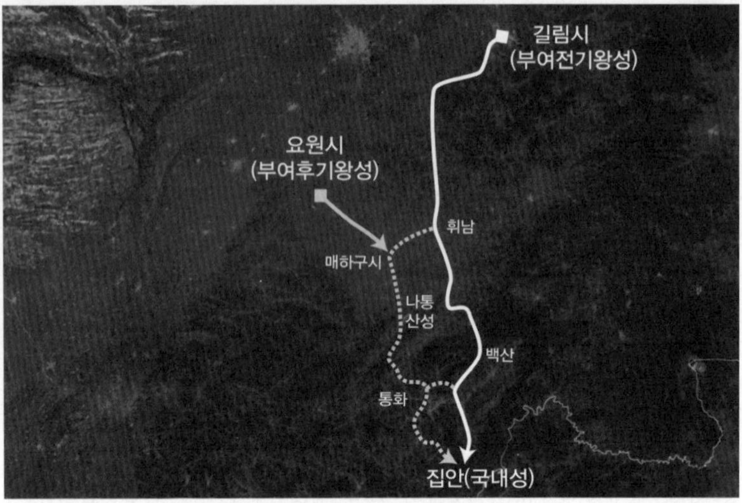

〈그림 2〉 대고구려 교통로

시로 들어간 후에 다시 혼강을 따라 서남쪽으로 내려오다 대라권하(大羅圈河)가 혼강에 유입되는 지점인 압원진(鴨園鎭)에서 남쪽으로 대라권하를 따라 거슬러 올라가 석호진(石湖鎭)에 이르러 노령산맥을 넘은 후에 통구하를 따라 집안 국내성에 도달하는 경로이다.

다른 하나는 휘남에서 서쪽으로 휘발하를 거슬러 올라가 매하구시에 도달한 이후에 남쪽으로 방향을 틀어 국도 303번을 따라 유하(柳河)를 거쳐 용강산맥을 넘은 후에 통화에 이르고, 계속해서 국도 303번을 따라 노령산맥을 넘은 후에 집안에 이르는 노선이다. 그러나 이 노선은 지형이 너무 험난하여 대부분은 통화에 이른 후 혼강을 거슬러 올라가 압원진을 거쳐 집안에 이르는 노선을 이용하였을 것으로 추정된다.

346년 부여가 도성을 요원시 일대로 천도한 이후에는 요원시에서 동풍현을 거쳐 매하구시로 이어지는 교통로가 주로 사용된 것으로 보이며, 부여가 고구려에 투항한 494년까지 지속적으로 이용된다.

2. 대읍루 교류와 교통로

읍루와의 관계는 문헌기록이 소략하여 정확한 교류 관계를 파악하는 데 어려움이 있다. 『삼국지』에 부여와 읍루와의 관계에 대해 언급한 기사가 일부 보이고 있는데, "自漢以來屬夫餘, 夫餘責其租賦重, 以黃初中(220~225)叛之"[35]라는 기록을 통해 볼 때, 일찍이 읍루는 부여에 복속되어 있었고, 양자간의 교류에 이용된 교통로가 있음을 확인할 수 있다.

읍루의 중심지에 대해서는 일반적으로 흑룡강성 쌍압산시(雙鴨山市) 우의현(友誼縣) 일대로 추정되고 있다.[36] 길림시에서 우의현까지의 교통로는 육로와 수로로 나누어 살펴볼 수 있다. 육로는 길림시에서 흑룡강성 방정현(方正縣)까지 두 방향의 노선이 확인된다. 하나는 길림시를 출발하여 북동쪽의 노야령(老爷嶺) 북록을 따라 서란시(舒蘭市)에 이른 후에 다시 계랑하(溪浪河)를 따라 내려가 납림하(拉林河)와 합류하는 지점에서 강을

35) 『三國志·魏書』 東夷傳 挹婁.
36) 이종수, 『三江平原地域 初期鐵器文化의 特徵과 使用集團 分析』, 『高句麗渤海硏究』 41, 고구려발해학회, 2011.

〈그림 3〉 백기유적 전경

넘어 오상시(五常市)에 이르고, 오상시에서 동쪽으로 장광재령(張廣才嶺)과 대청산(大青山) 사이의 주랑을 따라 상지시(尙志市)에 이른 후 계속해서 제2송화강의 지류인 마정하(螞蜓河)를 따라 내려가다 제1송화강과 합류하는 지점에 위치한 방정현(方正縣)에 이르는 노선이다. 그러나 이 루트상에서는 지금까지 부여 관련 유적이 확인되지 않고 있어, 향후 정밀한 검증이 요구된다.

다른 하나는 길림시에서 북쪽으로 제2송화강을 따라 유수시(楡樹市)에 이른 후 국도 202번을 따라 납림하를 건넌 후에 납림만족진(拉林滿族鎭)에서 아성(阿城)을 거쳐 빈현(賓縣)에 이르고 다시 동쪽으로 제1송화강을 따라 대청산(大青山)을 넘은 후에 방정현에 이르는 노선이다. 이 루트는 대청산을 넘는 것을 제외하고 전 구간이 비교적 평탄한 지형을 이루고 있다. 이 구간에서는 유수시 남쪽에 위치한 소시수림(小柴樹林)유적을 비롯

〈그림 4〉 경화고성 전경

하여 북쪽의 돈대둔(墩臺屯)유적,[37] 그리고 최근에 발굴이 이루어진 오상시 백기(白旗)유적[38], 빈현일대의 노산두(老山頭)유적, 왕팔발자성지(王八脖子城址), 성자산보루(城子山堡壘), 성자구보루(城子溝堡壘), 황대성자산보루(黃大城子山堡壘), 경화고성(慶華古城)[39] 등 다수의 부여 관련 유적들이 확인되고 있어, 경화고성을 거점으로 한 부여의 중요 교통로 중에 하나였을 가능성이 매우 높다.[40]

37) 國家文物局 主編, 『中國文物地圖集·吉林分册』, 中國地圖出版社, 1993, 文物單位簡介, 19쪽.
38) 張春風·姜曉宇, 「五常市白旗兩漢時期遺址」, 『中國考古學年鑑』 2009, 文物出版社, 2010.
39) 黑龍江省文物考古研究所, 「黑龍江賓縣慶華遺址發掘簡報」, 『考古』 7, 1988.

최근 방정현에서도 도로건설 과정에서 한대의 우가둔(于家屯) 유적이 발견되어 두 차례의 발굴이 이루어졌다.[41] 우가둔유적에서는 주거지 11기, 회갱 3기, 무덤 4기가 조사되었는데, 당시 이 지역 주거생활과 사회형태 등을 연구하는 데 중요한 자료를 제공해 주고 있다. 특히 유구와 유물에서 빈현 일대의 부여문화 요소와 읍루의 문화 요소가 함께 공존하고 있다는 점에서 교류의 중간지점으로서 역할을 담당했던 것으로 추정된다.

〈그림 5〉 색리구유적 전경

40) 이종수, 「松花江流域 初期鐵器時代 文化 硏究 I -黑龍江省 慶華城址를중심으로-」, 『博物館紀要』 19, 단국대학교석주선기념박물관, 2004.

41) 田禾, 「方正縣于家屯早期鐵器時代遺址」, 『中國考古學年鑑』 2008, 文物出版社, 2009.

田禾, 「方正縣于家屯兩漢時期遺址」, 『中國考古學年鑑』 2009, 文物出版社, 2010.

〈그림 6〉 색리구유적 출토유물 현황

방정현에서 합류한 두 노선은 이후 제1송화강 남안을 따라 이어지다 목단강(牧丹江)과 제1송화강에 합류하는 지점에 위치한 의란현(依蘭縣)에 이르고 있다. 의란현의 경우도 초기 철기시대를 대표하는 교남(橋南)유적[42]에서 목단강 중상류의 동강문화(東康文化) 요소와 삼강평원 일대 뽈체문화 요소가 함께 공존하고 있는 지역적 특징을 보이고 있다. 의란현을 통과한 후 제1송화강을 따라 계속 이어지다 삼강평원(三江平原)이 시작되는 가목사시(佳木斯市)에 이르게 된다. 여기서부터는 드넓은 평원이 펼쳐져 있는데, 현재의 성도 307번을 따라 동쪽으로 이동하면,

42) 王長明·趙剛, 「依蘭縣橋南青銅時代至早期鐵器時代遺址」, 『中國考古學年鑑』 2004, 文物出版社, 2005.
王長明, 「依蘭縣橋南早期鐵器時代遺址」, 『中國考古學年鑑』 2006, 文物出版社, 2007.

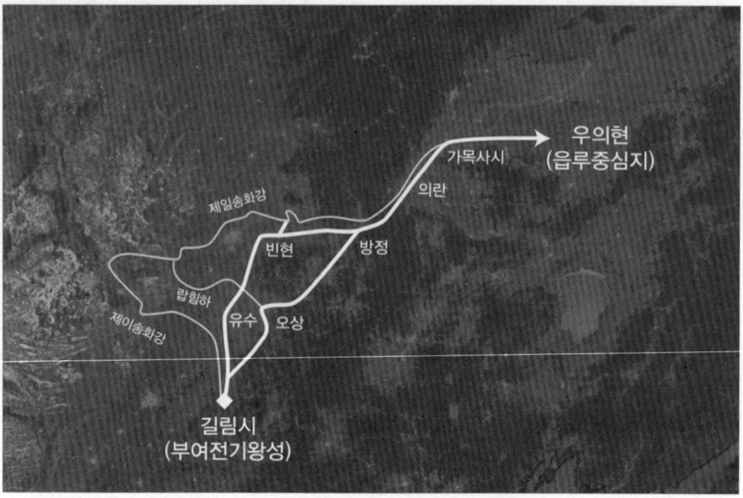

〈그림 7〉 대읍루 육상, 수상 교통로

읍루와 물길유적이 가장 밀집된 우의현에 이르게 된다.

수로를 이용한 교통로는 첫 번째 길림시에서 북쪽으로 제2송화강을 따라 눈강과 합류하는 지점까지 간 후에 다시 동쪽으로 제1송화강을 따라 가목사시까지 가는 루트이다. 그러나 이 노선의 경우 너무 멀리 우회하고 있다는 점에서 효용성이 떨어진다고 할 수 있다. 두 번째는 길림시에서 납림하까지 육로를 이용한 후에 납림하를 따라 북쪽으로 제1송화강까지 간 후, 다시 동쪽으로 제1송화강을 따라 가목사시까지 가는 루트이다. 세 번째는 육로로 빈현까지 간 후에 그 곳에서 수로를 이용해 가목사까지 가는 루트이다. 현재로써는 어떤 수로를 이용해 읍루와 교류했는지 정확하게 파악할 수 없지만, 최근에 빈현의 제1송화강 연안에서 기존에 조사된 유적외에도 색리구(索離溝)유적,[43] 과

원서강(果園西崗)유적[44] 등 다수의 부여 유적이 발견되고 있다는 점에서[45] 이 지역이 부여의 대읍루 수상 교통의 거점일 가능성이 매우 높다.

3. 대옥저 교류와 교통로

부여와 옥저의 교류 관계 기록은 『晉書』에서 일부 확인된다. "至太康六年, 爲慕容廆所襲破, 其王依慮自殺, 子弟走保沃沮"라는 내용을 통해 볼 때,[46] 부여와 옥저는 밀접한 관계가 있었던 것으로 추정되며, 양자간에 교류할 수 있는 교통로가 존재하고 있었다는 것을 알 수 있다.

옥저의 위치에 대해서는 현재 학계에서 일반적으로 수분하(綏芬河)유역과 두만강유역, 함경도 해안가 일대로 비정하고 있다.[47] 문헌기록에 북옥저, 동옥저(혹은 남옥저) 등의 명칭이 보이고 있다는 점에서 수분하유역은 북옥저, 두만강유역과 함경도

---

43) 李硯鐵, 「賓縣索离溝早期鐵器時代遺址」, 『中國考古學年鑑』 2007, 文物出版社, 2008.

黑龍江省文物考古研究所, 「黑龍江省賓縣索離溝遺址發掘簡報」, 『北方文物』 1, 2010.

44) 張偉, 「賓縣索离溝早期鐵器時代遺址」, 『中國考古學年鑑』 2007, 文物出版社, 2008.

45) 于滙歷·李伯全·劉春海, 「賓縣戰國至金代遺址和漢至金代,明清時期墓地」, 『中國考古學年鑑』 2004, 文物出版社, 2005.

46) 『晉書』 卷97, 列傳第67, 東夷夫餘國.

47) 강인욱, 「동아시아 고고학·고대사연구 속에서 옥저문화의 위치」, 『고고학으로 본 옥저문화』, 동북아역사재단, 2008.

〈그림 8〉 복래동고성 전경

일대를 동옥저 혹은 남옥저로 비정할 수 있다. 이 중 동옥저와는 고구려에 복속되기 전까지 직접적인 교류가 있었을 가능성이 있으며, 북옥저와는 일찍부터 교류가 시작되어 북옥저가 물길, 말갈에 흡수되기 전까지 지속적으로 교류가 이루어졌을 것으로 추정된다.

먼저 부여와 동옥저의 교통로를 살펴보면, 길림시에서 동옥저의 중심지인 두만강 중하류 일대로 가기 위해서는 노야령(老爺嶺), 위호령(威虎嶺), 목단령(牧丹嶺) 등 3개의 산맥을 넘어야 하는 험난한 구간으로 이루어져 있다. 길림시에서 교하로 이어지는 구간은 노야령산맥을 넘는 것이 아니라 제2송화강을 따라 남쪽으로 거슬러 올라가 납법하(拉法河)가 유입되는 지점에서 다시 납법하를 따라 거슬러 올라가면 쉽게 노야령(老爺嶺)을 돌아

〈그림 9〉 신가고성 전경

〈그림 10〉 출토유물

교하에 이를 수 있다. 이는 기존 국도 302번을 따라 연결된 노야령을 넘는 구간에서는 부여 유적이 조사 보고된 예가 없지만, 길림시에서 제2송화강을 따라 노야령을 돌아오는 구간에서는 복래동고성(福來東古城), 신가고성(新街古城), 동소황지(東小荒地)유적 등 다수의 부여 유적이 확인되고 있다는 점[48]에서 그 근거를 찾을 수 있다. 위호령 구간은 국도 302번을 따라 백석산진(白石山鎭)과 황송전진(黃松甸鎭)을 거치면 비교적 쉽게 돈화(敦化)에 도달할 수 있다. 돈화에서 목단강을 건넌 후에 계속해서 국도 302번을 따라 목단령을 넘으면 두만강유역의 옥저에 이른다.

그러나 이 교통로는 고구려가 동부여를 복속시킨 후에는 아마도 사용이 어려웠을 것으로 추정된다. 즉 이 노선의 거점 지역인 교하 일대에서 대부분 둘레 길이가 200m 내외의 소형 성(城)만 확인될 뿐, 교통로의 거점으로 이용할 만한 중대형 성의 존재가 확인되지 않고 있는데, 이는 두만강유역 옥저와의 교류가 일찍이 단절되는 바람에 이 지역에 대규모의 거점도시가 형성되지 못한 것으로 볼 수 있다. 이로인해 이 지역은 고구려가 점령한 이후에나 중대형 성인 남산산성(南山山城)을 비롯하여 보루형 산성인 소립자산성(小砬子山城), 동산산성(東山山城) 등이 축조되고 있다. 이밖에도 교하에서 두만강유역에 이르는 교통로상의 중간 거점인 돈화에서도 한대에 해당하는 유적이 극소수만 발견된다는

48) 國家文物局 主編, 『中國文物地圖集·吉林分册』, 中國地圖出版社, 文物單位簡介, 1993, 64쪽.

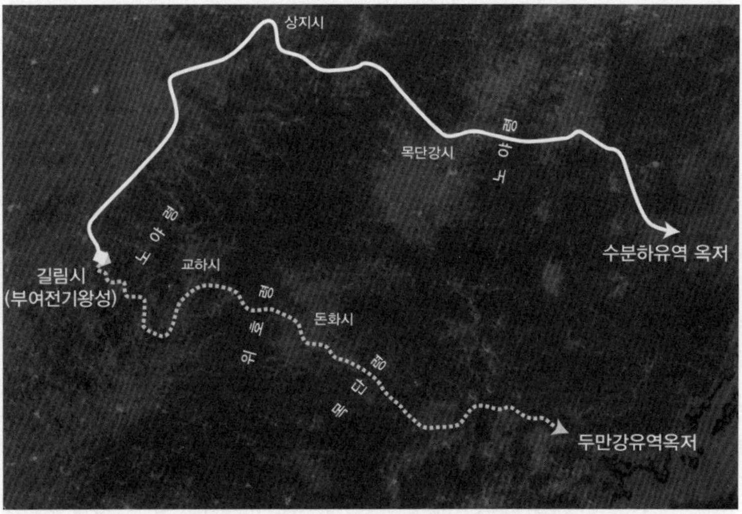

〈그림 11〉 대옥저 교통로

점[49]에서도 이 교통로가 일찍이 폐쇄되었음을 알 수 있다.

부여와 수분하유역 북옥저와의 교통로는 대읍루 교통로를 일부 이용하고 있다. 즉 길림시에서 상지시까지 이어지는 읍루 남로를 이용한 후, 상지시부터는 국도 301번을 따라 장광재령을 넘어 목단강시에 이르고 다시 동쪽으로 노야령(老爺嶺)[50]과 태평령(太平嶺)을 넘은 후에 수분하 일대의 옥저에 도달하는 노선이다. 285년 모용외의 공격으로 도성이 함락되어 왕이 자살하

49) 돈화에서 지금까지 확인된 초기철기시대와 漢代유적은 六頂山遺蹟 1곳에 불과하다.
國家文物局 主編, 『中國文物地圖集·吉林分册』, 中國地圖出版社, 文物單位簡介, 1993, 194쪽.

50) 길림시와 교하시 사이에 있는 老爺嶺과는 다른 산맥으로 목단강시와 수분하시 사이에 위치해 있다.

고, 왕실의 자제들이 옥저로 피난하는 수난을 겪고 있는데, 이 당시 왕실 자제들이 피난한 곳은 아마도 수분하 일대의 옥저로, 앞에서 설명한 교통로를 따라 피난하였던 것으로 추정된다. 당시 동옥저는 이미 고구려에 복속되어 있었기 때문에 부여 왕실이 이 지역으로 피난한 것으로 보기에는 어려움이 있다.

Ⅳ. 탁리국, 모용선비와의 교류 및 교통로

부여와 북방세력과의 교류는 부여 성립과 더불어 시작되고 있다. 기원전 3세기 말에서 2세기 초, 동북아 지역의 국제 정세는 격동의 시기였다. 중국은 진의 전국통일과 한으로 교체되는 격변기였으며, 북방 지역은 흉노가 동쪽으로 세력을 확장하여 동호를 위협해 가던 시기였고, 동북 지역은 위만이 고조선의 준왕을 몰아내고 위만조선을 세운 시기였다.

이런 격동기에 부여가 성립되고 있는데, 부여 건국세력은 당시 눈강 하류 지역에 거주하던 한서이기문화인(漢書二期文化人)들일 가능성이 높다.[51] 기원전 2세기 초 동호가 흉노의 묵특선우에 의해 몰락하자,[52] 그 세력이 둘로 나뉘어 하나는 선비가 되고, 다른 하나는 오환이 된다.[53] 이 중 오환산 일대로 이동한

51) 송호정(1997), 앞의 글, 184쪽.
이종수, 「무덤의 변화양상을 통해 본 부여사 전개과정 고찰」, 『先史와 古代』 30, 2009, 146~149쪽.

52) 『漢書』 卷94上, 匈奴傳 第64上.

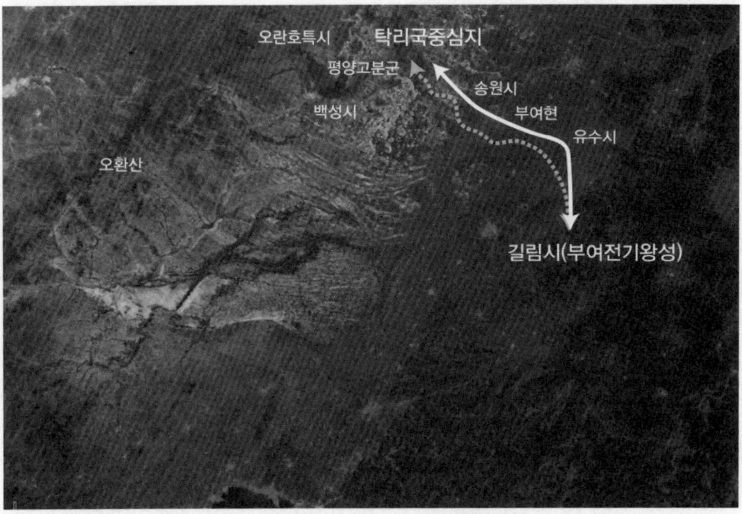

〈그림 12〉 대탁리국 교통로

오환세력의 영향으로 기존에 이 지역의 토착민인 한서이기문화 인들은 북방문화의 영향을 강하게 받게 되는데, 이는 북방 지역의 문화적 특징이 강하게 내재된 평양고분군54)이 이 시기에 출현하고 있다는 점에서 확인할 수 있다. 이후 이들 중 일부가 세력 갈등을 피해 제2송화강 중류 일대로 남하하여 부여를 건국하게 된다. 당시 제2송화강 중류의 길림시 일대는 서단산문화를 영위하던 예계의 남하로 강력한 정치집단이 존재하지 않았고, 이로 인해 이주 집단이 손쉽게 부여를 건국할 수 있었던 것으로

53) 『後漢書』 卷90, 烏桓鮮卑列傳 第89.

54) 黑龍江省文物考古硏究所, 『平洋墓葬』, 文物出版社, 1990.
潘 玲·林 沄, 「平洋墓葬的年代與文化性質」, 『邊疆考古硏究』, 科學出版社, 2002.

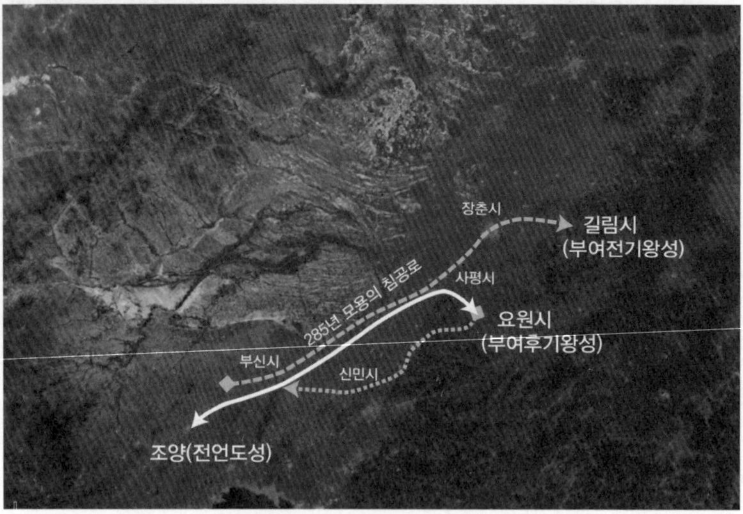

〈그림 13〉 대모용선비 교통로

추정된다.[55)]

탁리국과의 교통로 역시 육로와 수로 두 방면에서 살펴볼 수 있는데, 육로는 길림시에서 출발하여 북쪽으로 송화강을 따라 내려가 유수(楡樹)를 거친 후에 다시 부여현(扶餘縣)을 거쳐 송원시(松原市)에 이르고, 이곳에서 제1송화강을 건너 조원(肇源) 일대로 들어가는 노선이다. 수로는 길림시에서 제2송화강을 따라 내려가다 눈강과 합수되는 지점에 이르면 쉽게 조원 일대에 들어갈 수 있다. 제2송화강을 따라 초기철기시대부터 부여에 이르는 시기까지의 유적이 집중 분포하고 있는 것으로 보아 이른 시기부터 제2송화강은 중요한 교통로로 사용되고 있음을 알 수 있다.

55) 이종수(2009), 앞의 글, 150~152쪽.

선비는 후한(和帝)년간에 북흉노가 한에 대패하여 서쪽으로 이동하자, 흉노가 거주하던 지역으로 이동하여 흉노 잔여 세력을 규합하여 세력을 키운 후, 2세기 중엽에는 단석괴(檀石槐)가 선비 부족대연맹을 건설함으로써 더욱 강력한 세력으로 성장하였고, 이후 동부선비와 서부선비로 나뉘어 발전하고 있다. 선비와 부여와의 교류는 일찍부터 시작되었던 것으로 추정할 수 있으나 구체적인 양상은 285년 모용외의 침입에서부터 확인된다. 모용외의 침입으로 부여는 도성이 함락되어 국왕 의려(依麗)가 자살하고, 왕실의 자제들이 옥저로 피난하는 수난을 겪고 있다.[56] 이후 진에 의해 복국이 되기는 하였으나, 지속적인 모용선비의 침입으로 많은 부여인들이 포로로 잡혀가면서 국운이 점차 기울게 된다. 346년 전연 모용황에 의해 재차 대규모 침입이 이루어지고 있는데, 세자 모용준을 대장으로 1만 7천의 기병을 보내 수도를 함락시키고, 부여왕 현(玄) 이하 5만여 명의 백성을 포로로 잡아가고 있다.[57] 당시 부여는 백제[58]의 침입으로 도성을 "서사근연(西徙近燕)"한 상태로[59] 도성 방어체계를 완벽하게 갖추기 전에 당한 공격이었기 때문에 그 타격은 매우 심각했을

---

56) 『晉書』 卷97, 列傳第67, 東夷夫餘國.

57) 『晉書』 卷109, 載記9, 慕容皝 3年.

58) 백제의 실체에 대해서는 당시 백제는 한반도 남부에 있었기 때문에 연구자들은 대부분 이 기록을 필자의 오기로 보고 있다. 노태돈은 백제를 고구려의 오기로 보고 있으며, 손진기(孫進己)·풍영겸(馮永謙) 등은 勿吉의 오기로 보고 있으며, 일부에서는 백제를 그대로 인정하는 견해를 피력하고 있다.

59) 『資治通鑑』 卷97, 晉紀19, 穆帝 永和 2年 正月條.

것으로 추정된다. 이로 인해 일부에서는 이 당시에 부여가 이미 멸망한 것으로 보기도 한다.[60]

285년에 모용외 침입 당시 부여의 왕성은 길림시였기 때문에 당시 모용선비의 중심지인 대릉하 상류일원에서 길림시까지 기마군이 쉽게 도달할 수 있는 경로를 추정해 보면 양국간의 교통로를 복원할 수 있다. 구체적인 경로를 살펴보면, 모용선비의 중심지인 대릉하 상류의 북표(北票), 부신(阜新) 일원에서 의무려산의 북쪽 끝자락을 넘어 창무(彰武)와 강평(康平)을 지나 사평(四平), 장춘(長春)에 이르고, 여기서 대흑산산맥을 넘어 길림시에 도달하는 노선이다. 이 노선은 의무려산을 넘은 이후부터 장춘까지 넓은 평원지대를 이루고 있어 말로 이동할 경우 일주일이면 충분히 도달할 수 있는 거리이다. 물론 개원에서 요동군로를 따라 길림시에 이르는 경로도 추정해 볼 수 있지만, 아마도 이 중요 교통상에는 거점도시를 중심으로 한 방어망이 구축되어 있어 도성까지 공격이 쉽지 않기 때문에 평원 지역을 통해 도성을 급습했을 가능성이 매우 높다.

346년 모용황의 공격 역시 매우 짧은 시간에 전격적으로 이루어지고 있음을 알 수 있다. 당시 부여는 수도를 요원시로 옮긴 후였다. 구체적인 경로를 살펴보면, 전연의 수도인 조양에서 요원시로 가는 루트는 두 갈래로 나누어 볼 수 있는데, 하나는 조양(朝陽)에서 북표(北票)를 거쳐 부신(阜新)에 이른 후, 앞의 루트를 따라 사평(四平)에 이르고 여기서 남쪽으로 대흑산산맥을

60) 이병도,「夫餘考」,『韓國古代史硏究』, 博英社, 1976.

넘어 요원시에 도달하는 노선이다. 또 다른 하나는 조양에서 부신에 이른 후에 성도 314번을 따라 신민시(新民市)에 이르고 다시 요하를 거슬러 올라가 철령에 도착한 후, 요동군로를 따라 요원에 도착하는 경로이다.

Ⅴ. 맺음말

이상으로 부여와 주변 각국과의 교류 양상과 이에 이용된 교통로에 대해 살펴보았다. 부여는 700여 년에 이르는 긴 역사 동안 한, 위, 진 등의 중원왕조, 고구려, 읍루, 옥저 등의 주변 세력, 탁리국, 선비 등의 북방세력 들과 밀접한 교류 관계를 맺고 있다.

중원왕조와의 교류는 후한 광무제 이후에 본격적으로 시작되며, 2세기대에 가장 활발하게 교류가 이루어지고 있고, 3세기 이후에는 모용선비의 성장으로 중원왕조와의 교류가 점차 단절되고 있다. 당시에 중원왕조와의 교류에 사용된 교통로는 현도군로와 요동군로로 나누어 볼 수 있는데, 현도군로는 길림시에서 출발하여 반석→휘남→매하구→청원→무순에 이르는 노선이다. 요동군로는 길림→쌍양→이통→요원(혹은 이용호고성→개원)→서풍→개원→철령→심양→요양으로 이어지는 경로이다.

고구려와의 교통로는 부여와 고구려의 전쟁기사를 통해 추정해 볼 수 있는데, 부여 남쪽 변경의 진펄지대를 휘남시 일대로 비정해 보면, 대략적인 교통로를 확인할 수 있다. 즉 길림시에서 현도군로를 따라 휘남에 이른 후, 곧장 남으로 용강산맥을 넘어 백산시로 들어간 후, 혼강을 따라 서남쪽으로 내려오다 압원진에서 고구려 북로를 따라 집안에 도달하는 경로이다. 다른 하나는 휘남→매하구시→유하→통화→집안에 이르는 노선이다.

읍루와는 문헌기록이 소략하여 정확한 교류 관계를 파악하는 데 어려움이 있다. 다만 읍루의 중심지인 우의현 일대까지 가는 교통로는 육로와 수로로 나누어 볼 수 있는데, 육로는 길림시→서란시→오상시→상지시→방정현에 이르는 노선과 길림시→유수시→랍림진→아성→빈현→방정에 이르는 노선 두 루트가 확인된다. 방정에서 합류한 노선은 의란→가목사→우의현으로 이어진다. 수로는 길림시→제2송화강→제1송화강→가목사시 노선, 길림시→오상→납림하→제1송화강→가목사시 노선, 길림시→빈현→제1송화강→가목사시 노선 등으로 나눌 수 있다.

옥저와의 교류에 사용된 교통로는 두만강유역의 옥저와 수분하유역의 옥저로 나누어 살펴볼 수 있다. 두만강유역의 옥저와의 교류에 사용된 교통로는 길림시→제2송화강→납법하→교하→돈화→두만강유역에 이르는 노선이며, 수분하유역 옥저와의 교류에 사용된 교통로는 길림시→읍루 남로→상지시→목단강시→수분하유역에 이르는 경로가 사용되고 있다.

부여의 출자인 탁리국과의 교통로 역시 육로와 수로 두 방면에서 살펴볼 수 있는데, 육로는 길림시→유수→부여현→송원시→조원 일대로 들어가는 노선이며, 수로는 길림시→제2송화강→눈강→조원으로 이어지는 경로이다. 부여와 모용선비와의 교통로는 모용선비의 부여 공격 루트를 파악해 보면 쉽게 복원할 수 있다. 모용선비의 중심지인 대릉하 상류에서 부여의 수도인 길림시로 가기 위해서는 조양→북표→부신→창무→강평→사평→장춘→길림시로 이어지는 노선이 가장 짧은 직선거리이며, 후기 도성인 요원시까지는 앞의 노선을 따라가다 사평에서 남쪽으로 꺾여 요원에 이르는 루트가 이용되고 있다. 이밖에도 요원시에 이르는 또 다른 노선으로 조양→북표→부신→신민→철령→개원→서풍→요원에 이르는 루트가 있다.

이 글은 부여의 대외 관계를 파악할 수 있는 문헌 및 고고자료의 부족으로 교통로를 분석하는 과정에서 정확한 근거자료를 제시하지 못하고 있다는 점에서 많은 한계를 안고 있다. 그럼에도 불구하고 그동안 학계에서 연구가 전무했던 부여의 교통로를 다루었다는 점에서 그 의의를 두고자 한다.*

* 이 논문은 「부여의 대외교류와 교통로」(『백산학보』 96, 2013)을 수정 보완한 것임.

〈참고문헌〉

국내 자료

강인욱 외 지음, 『고고학으로 본 옥저문화』, 동북아역사재단, 2008.

국립문화재연구소 고고연구실편, 『중국동북지역고고조사현황-요령성편-』, 국립문화재연구소, 2012.

국립문화재연구소 고고연구실편, 『중국동북지역고고조사현황-길림성·흑룡강성편-』, 국립문화재연구소, 2012.

고구려연구재단 편, 『고조선·단군·부여』, 고구려연구재단, 2004.

金美炅, 「第1 玄菟郡의 위치에 대한 재검토」, 『실학사상연구』 24, 무학실학회, 2002,

노태돈, 「夫餘國의 疆域 및 그 變遷」, 『國史館論叢』 4, 국사편찬위원회, 1989.

박경철, 「새로운 부여사상 정립을 위한 몇 가지 과제」, 『선사와고대』 23, 한국고대학회, 2005.

박대제, 「夫餘의 왕권과 왕위계승 -2~3세기를 중심으로-」, 『고대연구』, 고려사학회, 2008.

서영수 외, 『요동군과 현도군연구』, 동북아역사재단, 2008.

송기호, 2005,「부여사 연구의 쟁점과 자료해석」, 『한국고대사연구』 37, 한국고대사학회.

송호정, 「夫餘」, 『한국사4-초기국가(고조선·부여·삼한)-』, 국사편찬위원회, 1997.

송호정, 「부여의 국가형성 과정과 문화 기반」, 『북방사논총』 6, 고구려연구재단, 2005.

오강원, 「中滿地域의 初期鐵器文化-泡子沿式文化의 成立과 展開」, 『轉換期의 考古學III』, 한국상고사학회, 2000.

오영찬, 「楡樹 老河深遺蹟을 통해 본 夫餘社會」, 『한반도와 동북3성의 역사문화』, 서울대출판부, 1999.

윤용구 외, 『부여사와 그 주변』, 동북아역사재단, 2008.

윤재운 외, 『한중관계사상의 교통로와 거점』, 동북아역사재단, 2011.

이종수, 『三江平原地域 初期鐵器文化의 特徵과 使用集團 分析』, 『高句麗渤海研究』 41, 고구려발해학회, 2011.

이종수, 「무덤의 변화양상을 통해 본 부여사 전개과정 고찰」, 『先史와 古代』 30, 한국고대학회, 2009.

이종수, 「西岔溝 古墳群의 性格과 使用集團에 대하여」, 『白山學報』 77, 백산학회, 2007.

이종수, 「高句麗의 夫餘진출과정 연구」, 『高句麗研究-廣開土太王과 東아시아 世界-』 21, 고구려연구회, 2005.

이종수, 「松花江流域 初期鐵器時代 文化 研究Ⅰ-黑龍江省 慶華城址를 중심으로-」, 『博物館紀要』 19, 단국대학교석주선기념박물관, 2004.

이종수, 『夫餘文化研究』, 길림대학 박사학위 논문, 2004.

국외 자료

國家文物局 主編, 『中國文物地圖集·吉林分册』, 中國地圖出版社, 1993.

南滿洲鐵道株式會社, 『滿洲歷史地理』第壹卷, 丸善株式會社, 1940.

王綿厚·李健才, 『東北古代交通』, 沈陽出版社, 1990.

熊增瓏, 「新宾永陵南城址」, 『中國考古學年鑑』 2007, 文物出版社, 2008.

呂學明, 「新宾县永陵汉代城址」, 『中國考古學年鑑』 2005, 文物出版社, 2006.

王長明·趙剛, 「依蘭縣橋南青銅時代至早期鐵器時代遺址」, 『中國考古學年鑑』 2004, 文物出版社, 2005.

王長明, 「依蘭縣橋南早期鐵器時代遺址」, 『中國考古學年鑑』 2006, 文物出版社, 2007.

于滙歷·李伯全·劉春海, 「賓縣戰國至金代遺址和漢至金代,明清時期墓地」, 『中國考古學年鑑』 2004, 文物出版社, 2005.

李新全·李龍彬, 「新宾县永陵汉城址」, 『中國考古學年鑑』 2006, 文物出版社, 2007.

李新全·蘇鵬力, 「新賓縣永陵南城址」, 『中國考古學年鑑』 2008, 文物出版社, 2009.

李新全·蘇鵬力, 「撫順市新賓永陵南城址」, 『中國考古學年鑑』 2009, 文物出版社, 2010.

李樹林·李妍, 「通化渾江流域燕秦漢遼東長城障塞調査」, 『東北史地』 2, 2012.

李硯鐵, 「賓縣索离溝早期鐵器時代遺址」, 『中國考古學年鑑』 2007, 文物出版社, 2008.

田禾, 「方正縣于家屯早期鐵器時代遺址」, 『中國考古學年鑑』 2008, 文物出版社, 2009.

田禾, 「方正縣于家屯兩漢時期遺址」, 『中國考古學年鑑』 2009, 文物出版社, 2010.

趙海龍, 王利, 「通化縣秦漢長城」, 『中國考古學年鑑』 2010, 文物出版社, 2011.

張偉, 「賓縣索离溝早期鐵器時代遺址」, 『中國考古學年鑑』 2007, 文物出版社, 2008.

張春風·姜曉宇, 「五常市白旗兩漢時期遺址」, 『中國考古學年鑑』 2009, 文物出版社, 2010.

黑龍江省文物考古研究所, 「黑龍江賓縣慶華遺址發掘簡報」, 『考古』 7, 1988.

黑龍江省文物考古研究所, 「黑龍江省賓縣索離溝遺址發掘簡報」, 『北方文物』 1, 2010.

제 2 장

신라의 대중·일 교통로와 그 변천

전덕재*

Ⅰ. 머리말

신라는 280년에 낙랑·대방군을 매개로 진한(辰韓)을 대표하여 서진(西晉)에 사신을 파견하였고, 377년에 고구려의 도움을 받아 처음으로 '신라(新羅)'라는 국호로 전진(前秦)과 교류하였다. 6세기 중반에 한강유역에 진출한 신라는 남·북조 및 수·당에 직접 사신을 파견하여 외교관계를 맺었다. 특히 8세기 이후에 신라와 당 사이에 상인을 비롯한 일반인들의 왕래가 크게 증가하여 중국 산동반도 및 동·남해안 지역에 이른바 재당 신라인이 집락(集落)을 이루어 거주하기도 하였다. 신라와 왜는 일찍부터 사신을 서로 교환하며 활발하게 교류하였을 뿐만 아니

* 단국대학교 문과대학 사학과 부교수

라 왜가 신라를 침략하여 두 나라 사이에 자주 분쟁이 발생하였다. 8세기 말에 국가간의 공식적인 외교관계가 단절된 이래 상인을 비롯한 일반인들의 왕래가 크게 늘어나는 추세를 보였다.

국가간의 외교와 전쟁은 사람들의 접촉과 교류를 전제하는 것이다. 사신을 비롯한 신라인은 신라와 왜, 중국 왕조를 연결하는 다양한 육·해상 교통로를 이용하였을 것인데, 특히 이 가운데 해로를 통한 교류가 활성화되었다. 그런데 해로를 이용할 경우 조난의 위험성이 높기 때문에 시기가 올라갈수록 시인거리(視認距離) 연안 항로를 주로 활용하였고, 점차 항해기술과 풍랑에 잘 견디는 선박의 건조기술이 발달하면서 대양을 횡단하여 항해하는 사례가 늘어나는 경향을 보였다. 신라 역시 상고기(上古期)에 주로 시인거리 연안 항로를 통하여 중국 왕조 및 왜와 교류하다가 한강유역을 차지한 이래 서해를 횡단하여 중국과 연결하였고, 하대(下代)에 이르러 신라와 당나라 및 일본 사이에 국가간의 공식적인 교류보다 상인을 비롯한 일반인의 비공식적 교류가 활발해짐에 따라 조난의 위험성이 한층 더 높은 서해와 남해 사단항로(斜斷航路)를 이용하는 사례가 크게 증가하였음이 확인된다.

종래에 신라의 대중국 교통로에 대한 연구가 비교적 활발하게 진행된 편이었다. 특히 신라가 널리 활용한 서해 중부 횡단항로와 남부 사단항로의 성격 및 구체적인 도정(道程)에 대한 이해가 크게 진전되었다고 평가할 수 있다. 이에 반해 신라의 역사적 전개에 따른 대중국 교통로의 변화, 서해 남부 사단항로를 널리 이용한 시기와 그 배경 등에 대해서는 여전히 연구가 미진한 편이라고 말할 수 있다. 한편 대왜 교통로에 대해서도 연구가 비교적 활발하게 진행된 편이며, 이 결과 신라와 왜를 연결하는 교통로에 대한 대강의 이해가 어느 정도 가능해졌다고 볼 수 있다. 그러나 기존에 울산과 김해 방면에서 출발하여 대마도(對馬島), 일기도(壹岐島), 축자(筑紫)와 난파진(難波津)을 거쳐 아스카(飛鳥) 또는 나라(奈良)에 이르는 교통로를 추적하는 데에 지나치게 관심을 집중시킨 느낌이고, 율포(栗浦)와 사포(絲浦)를 비롯한 신라의 관문항(關門港), 하대 대일본 교통로의 변화 등에 대해서는 제대로 천착하지 않은 한계를 노정하였다. 본고는 이와 같은 기존 연구의 한계를 보완하여 신라의 대왜 · 중국 교통로의 성격 및 변화에 대한 이해를 심화시키기 위하여 준비된 것이다.

본고에서는 먼저 상고기 신라의 대왜 · 중국 교통로를 복원하고, 이어 신라가 한강유역을 자치한 이래 신라도(新羅道)를 비롯한 서해 중부 횡단항로를 활용하여 중국의 여러 왕조와 교류하였음을 밝힌 다음, 마지막으로 하대에 신라인이 서해 남부 사단항로를 널리 활용하였을 뿐만 아니라 대일본 교통로에서도 변화가 나타났음을 논증하는 순서로 논지를 전개하려고 한다. 본고에서는 신라인이 중국에 도착한 이후부터 낙양(洛陽) 또는 장안(長安)까지 이르는 도정에 대해서 자세하게 검토하지 못하였다. 그리고 고대의 항해기술과 신라 선박의 성격 및 변화에 대해서도 제대로 천착하지 못하였다. 이와 같은 한계는 추후에 보완할 것을 약속하며, 많은 질정을 바란다.

II. 상고기의 대왜·중국 교통로

1. 대왜 교통로

상고기에 중국 왕조와 왜 가운데 신라가 활발하게 교류하고 접촉한 나라가 바로 왜였다. 『삼국사기』 신라본기 상고기의 기록에 왜가 신라를 자주 침략한 사실뿐만 아니라 두 나라가 친교를 맺은 사실이 여럿 전하고 있다. 또한 『일본서기(日本書紀)』의 초기 기록에도 두 나라가 전쟁을 벌이거나 사신을 서로 교환하며 교류한 사실이 다수 전한다. 이때 신라 사신이 주로 이용한 교통로와 관련하여 다음의 기록이 주목된다.

> [윤공(允恭)]천황(天皇)이 사망하였다. 이때 나이가 약간(若干)이었다. 이에 신라왕이 천황이 사망하였다는 소식을 듣고 놀라고 슬퍼하여 배 80척으로 조공하고, 아울러 각종 악인(樂人) 80인을 바쳤다. 이들은 대마도에 도착하여 큰 소리로 울고, 축자에 이르러 또한 크게 울었다. 난파진에 도달하여 즉시 흰옷을 입었고, 모두 조공물을 받쳐 들고 또 여러 가지 악기를 연주하였다. 난파(難波)로부터 경성(京城)에 이르기까지 혹은 울부짖기도 하고, 혹은 노래 부르고 춤추었으며, 마침내 빈궁(殯宮)에 이르러 참례(參禮)하였다(『일본서기』 권13 윤공천황 42년 봄 정월 을해삭 무자).

윤공천황이 사망한 연대를 『일본서기』 기년에 따라 453년이라고 딱히 말하기 어렵고, 신라가 왜에 조공을 바쳤다는 식의 언급 또한 그대로 믿기 곤란하다. 이럼에도 불구하고 위의 기사는 상고기에 신라 사신이 어떠한 교통로를 이용하여 왜의 경성[아스카(飛鳥)]에[1] 이르렀는가를 알게 해준다는 점에서 유의된다. 축자(筑紫)에서 대판(大阪)의 난파진(難波津)까지는 일반적으로 뇌호내해(瀨戶內海)를 항해하는 교통로를 이용한다고 알려졌다. 결국 신라의 조문사(弔問使)는 동해안 지역에서 배를 타고, 대마도를 경유하여 축자에 이르고, 여기에서 뇌호내해를 항해하여 대판의 난파진에 도달한 다음, 거기에서 경성인 아스카까지 육로를 이용하였다고 정리할 수 있다. 그러면 신라 사신이 처음 배를 탄 동해안 지역은 어느 곳이었을까?

『일본서기』 권9 신공황후섭정(神功皇后攝政) 5년 봄 3월조에 신라왕이 우례사벌(汙禮斯伐), 모마리질지(牟麻利叱智), 부라모지(富羅母智) 등을 왜에 보내어 조공하였다고 전한다. 여기서 모마리질지(毛麻利叱智)는 『삼국사기』 열전에 모말(毛末)이라고도 전하는[2] 박제상을 가리킨다. 『일본서기』 기록은 제상이 사신으로 왜에 파견되었음을 알려주는 자료인 셈이다. 그런데

1) 『古事記』 下卷 允恭天皇條에 '(天皇이) 遠飛鳥宮에 앉아 천하를 다스렸다'는 기록이 보인다. 允恭天皇이 飛鳥에 宮을 설치한 최초의 天皇으로 알려졌다.

2) 朴堤上〈或云毛末〉 始祖赫居世之後 婆娑尼師今五世孫. 祖阿道葛文王 父勿品波珍飡. … 생략 … 乃以死自誓 不見妻子 抵栗浦 汎舟向倭. 其妻聞之 奔至浦口 望舟大哭曰 好歸來. 堤上回顧曰 我將命入敵國 爾莫作再見期(『삼국사기』 열전제5 朴堤上).

열전에서 417년에 제상이 왕자 미사흔(未斯欣)을 구하기 위하여 왜로 갈 때에 율포에 다다라 배를 타고 왜로 향하였다고 전한다. 『삼국사기』 지리지에 임관군(臨關郡)의 영현(領縣) 동진현(東津縣)이 본래 율포현(栗浦縣)이라고 전하며, 이곳은 현재 울산광역시 북구 정자동과 구유동 일대로 비정된다. 현재 울산광역시 북구 정자동에 유포(柳浦)가 위치하고 있다. 신라 사신 제상이 왜국으로 떠난 포구인 율포는 바로 오늘날의 유포를 가리키는 것으로 이해된다.

물론 신라에서 왜로 향하는 출발지가 율포만은 아니었을 것이다. 『삼국유사』 권제1 기이제2 제사탈해왕조에 탈해가 가락국(駕洛國)에서 피난하여 아진포(阿珍浦)에 도달하였다고 전하는데, 아진포는 경북 경주시 양남면 하서리에 위치하였다. 아진포 역시 신라에서 왜로 향하는 관문항으로써의 역할을 수행하였을 것이다. 그러나 경주에서 아진포로 가는 것보다 율포로 가는 것이 훨씬 편리하였기 때문에 신라 사신이 배를 타고 왜로 향하는 항구로써 율포가 널리 활용되었을 것이다.[3] 이때 율포 또는 아진포에서 출발한 신라 사신은 부산의 수영만을 거쳐 대마도에 이르고, 거기에서 일기도(壹岐島)를 경유하여 구주(九州) 북부의 축자(筑紫), 즉 동송포반도(東松浦半島)에 다다르는 항로를 이용한 것으로 추정된다.[4]

3) 경주시내에서 양남면 하서리로 가려면, 외동읍 입실리 토점마을에서 외동고개, 즉 顧母嶺을 넘어야 하였다. 반면에 북구 정자동은 경주시내에서 현재 7번국도, 즉 울산-포항산업도로를 이용하여 가다가 중산동 또는 농소동에서 동해 바닷가 방면으로 가면 된다.

그러면 신라 사신은 어떠한 교통로를 이용하여 신라로 귀환하였을까? 『일본서기』 권9 신공황후섭정 5년 봄 3월조에 모마리질지(毛麻利叱智) 등이 대마도의 조해수문(鉏海水門)에 머물던 미질허지벌한(미사흔)[微叱許智伐旱(未斯欣)]을 몰래 신라로 보냈다고 전한다. 종래에 조해수문은 대마도 북안에 위치한, 즉 상현군(上縣郡) 상대마정(上對馬町) 악포(鰐浦)로 비정되는 화이진(和珥津)과 동일한 곳으로 추정하였다.[5] 『일본서기』 권9 신공황후섭정전기 중애천황 9년 겨울 10월조에 신공황후의 명령을 받은 왜군이 화이진(和珥津)에서 출발하여 신라를 정복하였다고 전한다. 사료의 내용을 그대로 믿을 수 없다는 사실은 널리 알려진 대로이다. 이러한 점을 충분히 염두에 둘 때, 이것은 통상 왜군이 한반도에 파견되는 경우, 축자에서 출발하여 일기도를 경유한 다음, 대마도 북안의 화이진, 즉 악포에서 대한해협을 건너 한반도 남부 또는 동남해안에 이르는 교통로를 이용하였음을 시사해주는 하나의 자료로서 이해할 수 있을 것이다. 미사흔 역시 축자에서 출발하여 대마도 화이진, 즉 서해수문을 거쳐 신라로 귀환하였을 것이다.

『삼국유사』 권제1 기이제2 내물왕 김제상조에 미해(美海), 즉 미사흔(未斯欣)이 귀국하자, 눌지왕이 놀랍고도 기뻐서 백관에게 명하여 굴헐역(屈歇驛)에서 맞이하게 하였다고 전한다. 굴헐역은 하곡현(河曲縣), 즉 굴아화촌(屈阿火村, 울산광역시 울주군

4) 정진술, 『한국해양사』(고대편), 경인문화사, 2009, 112쪽.
5) 小島憲一 · 直木孝次郎 · 西宮一民 · 藏中進 · 毛利正守譯, 『日本書紀 ①』, 小學館, 1994, 427쪽.

범서읍 굴화리)에 위치한 역으로 알려졌다. 굴화리는 태화강 상류에 위치한 곳으로서 여기에서 경주로 나아가는 가장 빠른 방법은 울주군 언양읍을 거쳐 가는 것이다. 삼국시대에 굴화리 근처에 위치한 포구가 바로 사포였다. 『신증동국여지승람』 권22 경상도 울산군 누정조에 고려의 문인 김극기(金克己)가 자장법사(慈藏法師)가 정관(貞觀) 12년(638) 무술년에 배를 타고 서쪽으로 가서 법(法)을 구하고, 17년(643)에 동쪽으로 돌아오다가 사포에서 쉬었는데, 이것을 인연으로 하여 사포 근처에 태화사(太和寺)를 건립하였다고 언급한 내용이 전한다. 그리고 『삼국유사』 권제3 탑상제4 황룡사장육조에 신라 제24대 진흥왕이 기축년(569)에 담을 쌓아 황룡사를 완성한 지 얼마 안 되어 바다 남쪽에 큰 배 한 척이 나타나서 하곡현 사포에 와 닿았으며, 거기에 실린 황철(黃鐵)과 황금(黃金)을 가지고 황룡사 장육을 조성하였다고 전한다. 두 자료는 삼국시대에 율포와 아진포뿐만 아니라 사포도 신라 수도인 경주로 통하는 관문항으로써 기능하였음을 알려준다.

사포는 고려시대에 곡포(谷浦), 조선시대에 녹곡포(綠谷浦)라고도 불렀다. 사포는 울산광역시 중구 태화동의 태화사지 근처에 위치한 포구였을 텐데, 근래에 이르러 태화사지 근처에 위치한 나루를 태화진(太和津) 또는 대화진(大和津)이라고 불렀다.[6] 여기서 태화강 상류로 올라가면 범서읍 굴화리에 다다르고, 또

6) 사포(絲浦)와 관련된 자세한 사항은 고석규 등, 『장보고시대의 포구조사』, 재단법인 해상왕장보고기념사업회, 2005, 569~571쪽이 참조된다.

한 태화동에서 다운동을 거쳐 울주군 범서읍 척과리, 경주시 외동읍 구어리와 입실리를 경유하여 경주시내로 연결할 수도 있다. 미사흔은 대마도의 화이진(조해수문)을 떠나 부산 수영만을 경유하여 울산의 사포에 다다르고, 여기에서 굴화리로 가서 신라 백관들의 접대를 받은 다음, 언양을 지나 경주의 월성(月城)에 도달하였다고 볼 수 있다.

그런데 상고기에 구주(九州)의 축자에서 대마도를 경유하여 신라로 갈 때, 울산 방면으로 향하는 항로만 이용한 것은 아니었다. 『삼국지』 위서 동이전 왜조에 '(대방)군[(帶方)郡]에서 왜에 이르기까지 해안을 따라 바닷길로 가는데, 한국(韓國)을 거치면서 남쪽으로 가다가 동쪽으로 가면, 그(왜) 북쪽 해안인 구야한국(狗邪韓國)에 이르니, 7천여 리이다. 비로소 바다를 건너 1천여 리를 가면 대마국(對馬國)에 이른다'고 하였다. 3세기 중반에 김해의 구야국(狗邪國)이 한반도 남부 지역과 왜를 연결하는 관문 역할을 수행하였음을 알려주는 자료이다. 왜에서 대방 · 낙랑군으로 가고자 할 때, 역시 대마도를 경유하여 구야국에 이른 다음, 남해와 서해 연안을 경유하는 항로를 이용하였다고 짐작된다. 따라서 대마도에서 김해 방면이나 낙동강 하구에 이른 다음, 낙동강을 거슬러 올라가 양산에 다다르고, 여기에서 경주를 연결하는 교통로를 이용하여 신라와 왜가 교류하였다는 추정도 가능할 것이다.

『일본서기』 권9 신공황후섭정 5년 봄 3월조에 모마리질지 등이 몰래 미질허지벌한(미사흔)을 신라로 보내자, 이에 대한 보복

으로 왜가 신라를 침략하였는데, 이때 왜군이 도비진(蹈備津)에 다다른 다음, 경남 양산으로 비정되는 초라성(草羅城)을 정벌하고 돌아갔다고 전한다. 여기서 도비진을 일본인이 'たたらのつ'라고 독음하였는데, '도비[(蹈備)(たたら)]'의 독음이 『일본서기』 권17 계체천황(繼體天皇) 23년 여름 4월조에 보이는 다다라원(多多羅原)의 '다다라[(多多羅)(たたら)]'와 일치하였음이 확인된다. 이를 근거로 도비진이 다다라원에 위치한 도진(渡津)임을 입증할 수 있으며, 그곳은 오늘날 부산광역시 사하구 다대동에 위치한 다대포(多大浦)로 비정되고 있다.[7] 아마도 축자에서 출발한 왜군은 대마도를 경유하여 다대포에 다다른 다음, 거기에서 낙동강을 따라 거슬러 올라가 초라성, 즉 양산 지역을 공략하고 되돌아갔을 것이다. 이 기록은 대마도에서 부산의 다대포, 낙동강 하류의 양산, 그리고 언양과 경주를 연결하는 교통로가 존재하였음을 추론케 해주는 자료로써 주목된다.[8] 신라는 일찍이 낙동강 하류 수로교통의 요지인 양산 지역에 황산진(黃山津)을 설치한 바 있다.[9]

『일본서기』 권1 신대(상)에 소전명존(素戔明尊)이 그의 아들 오십맹신(五十猛神)을 데리고 신라국에 내려가 증시무리(曾尸茂

---

7) 小島憲一 · 直木孝次郎 · 西宮一民 · 藏中進 · 毛利正守譯, 앞의 책, 1994, 448쪽.

8) 『삼국사기』 신라본기에 자비마립간 6년(463) 2월에 왜인이 歃良城(경남 양산)을 침략하였다고 전하는데, 이때 왜군은 대마도와 낙동강 하구를 연결하는 항로를 이용하였을 것이다.

9) 전덕재, 「삼국시대 황산진과 가야진에 대한 고찰」, 『한국고대사연구』 47, 2007.

梨)란 곳에 살다가 찰흙[埴土]으로 배를 만들어서 그것을 타고 동쪽으로 바다를 건너 출운국(出雲國) 파천(簸川) 가에 있는 조상봉(鳥上峯)에 도착하였다고 전한다. 설화적인 내용이어서 내용을 사실 그대로 믿기 어렵지만, 일단 이 기록을 통하여 신라인들이 동해를 횡단하여 현재 일본 도근현(島根縣) 동부에 위치한 출운국(出雲國), 조취현(鳥取縣) 중부 및 서부에 위치한 백기국(伯耆國), 병고현(兵庫縣) 북부에 위치한 단마국(但馬國) 등에 이르렀음을 나름대로 유추할 수 있지 않을까 한다.[10] 그러나 동해를 횡단하여 왜에 이르는 항로가 매우 위험하기 때문인지 몰라도 상고기에 신라 사신이 동해를 횡단하여 교류한 사례는 발견되지 않는다.

2. 3세기 후반 대서진 교통로

신라가 '신라(新羅)'라는 국호를 사용하여 중국 왕조에 처음으로 사신을 파견한 것은 377년(내물왕 22)이었다. 이때 신라 사신은 고구려 사신과 동행한 것으로 보인다.[11] 382년에도 신라

10) 조선시대에 산음-북해도(山陰-北海島)에서 출항한 일본인이 표류하다가 주로 닿은 곳이 한반도 동쪽 해안이었다고 알려졌다(정성일, 「표류 · 표착의 지역적 특성과 그 현재적 의의」, 『조선시대한일표류민연구』, 국학자료원, 2001, 69쪽). 이와 같은 사례를 통하여 도근현(島根縣) 등지에서 동풍을 이용하여 한반도 동해안 지역에 이르는 경우도 적지 않았음을 짐작해볼 수 있다.

11) 太元二年春 高句麗新羅西南夷 皆遣使入貢于秦(『資治通鑑』 卷104 晉紀26 烈宗 上之中).

는 고구려의 도움을 받아 전진(前秦)에 사신을 파견하였다.[12) 신라 사신은 동해안을 통하여 함남 함흥에 이른 다음, 거기에서 황초령(黃草嶺)을 넘어 장진(長津)과 강계(江界)를 거쳐 압록강을 건너 국내성(國內城)에 이르렀던 것으로 보인다. 그리고 고구려 사신과 함께 압록강 하구에서 해로를 이용하여 요동반도 연안을 거쳐 산동반도에 도달한 다음, 거기에서 육로를 통하여 전진의 수도인 장안(長安)에 다다랐을 것이다. 이후 신라가 중국 왕조에 사신을 파견한 것은 521년(법흥왕 8)이었다. 이때 신라는 백제의 도움을 받아 남조의 양(梁)나라에 사신을 파견한 바 있다.

한편 『진서』 사이 동이전 진한조에 '무제(武帝) 태강(太康) 원년(280)에 그(진한) 왕이 사신을 보내 방물을 바쳤다. 2년에 또 와서 조공하였다. 7년(286)에 또 왔다'라고 전한다. 여기서 진한왕은 일반적으로 진한을 대표하는 세력, 즉 사로국의 왕을 가리킨다고 이해한다. 그러면 이때 사로국, 즉 신라왕이 파견한 사신은 어떠한 교통로를 이용하여 서진에 도달하였을까? 280년대에 신라는 낙랑·대방군을 매개로 하여 서진과 교섭하였을 것이다. 당시에 전남 해안 지역에 신미국(新彌國)을 비롯한 마한의 여러 소국이 존재하고,[13) 한강 유역에 백제가 위치하였음을 감안한다

12) 秦書曰 苻堅建元十八年 新羅國王樓寒 遣使衛頭 獻美女. 國在百濟東 其人多美髮 髮長丈餘(『太平御覽』 卷781 四夷部2 東夷2 新羅).

13) 東夷馬韓新彌諸國 依山帶海 去州四千餘里 歷世未附者二十餘國 並遣使朝獻. 於是遠夷賓服 四境無虞 頻歲豐稔 士馬强盛(『晉書』 卷第36 列傳第6 張華).

여기서 新彌國 등은 백제에게 완전히 복속되지 않은 전라도 지역에

면, 신라 사신이 해로를 이용하여 낙랑 · 대방군에 이르렀을 가능성은 희박하다고 볼 수 있다.

신라 사신이 육로를 이용할 경우, 두 가지 방법을 상정할 수 있다. 한 가지 방법은 경주에서 영천, 의성을 거쳐 상주에 이른 다음, 거기에서 계립령을 넘어, 충주와 서울, 개성, 평산을 거쳐 봉산(帶方郡治)이나 그 북쪽의 평양(樂浪郡治)에 이르는 것이다. 또 한 가지 방법은 경주를 출발하여 영천과 의성, 안동, 영주, 그리고 죽령을 통과하여 원주와 춘천을 거쳐 철원 또는 연천, 그리고 토산 또는 금천, 평산을 지나 봉산이나 그 북쪽의 평양에 이르는 것이다.[14] 3세기 후반에 백제 고이왕이 한강유역을 기반으로 하여 세력을 팽창하였음을 염두에 둔다면, 사로국의 사신이 전자의 교통로를 이용하여 대방군과 낙랑군에 이르기가 그리 쉽지 않았을 것이다. 이제 마지막으로 남는 가능성은 후자의 교통로를 이용하는 방법뿐인데, 사로국의 사신이 죽령을 넘고 춘천, 철원 등을 경유하여 대방 · 낙랑군에 이르기 위해서는 280년대에 사로국, 즉 신라가 강원도 영서 지역을 지배하였거나 또는 그 지역을 나름 어느 정도 통제, 장악하고 있었다는 사실이 전제될 필요가 있다.

위치한 馬韓의 小國들로 추정되며, 신미국 등이 幽州刺史 張華에게 나아가 조공한 시기는 282년으로 이해된다(임기환, 「3세기~4세기 초 위 · 진의 동방정책」, 『역사와 현실』 36, 2000, 26~28쪽).

14) 『삼국사기』 신라본기에 아달라이사금 3년에 鷄立嶺路, 5년에 竹嶺路를 개통하였다고 전하는 것에서 신라가 일찍이 계립령, 죽령을 넘어 한강유역, 강원도 영서 지역을 연결하는 교통로를 개척하였음을 엿볼 수 있다.

근래에 강원도 홍천 하화계리와 춘천 거두리유적에서 발견된 토기 및 기와가 한성 백제의 양식인 점을 주목하여 3세기 중후반경에 백제가 북한강 중·상류 지역에 진출하였다고 주장한 견해가 제출되었다.[15] 최근에 화천군 하남면 원천리에서 3~4세기대 백제의 취락지와 더불어 백제 토기가 다수 발견되면서[16] 이러한 추정을 보완해주었다. 이와 같은 고고학적 증거를 참조할 때, 백제가 동쪽으로는 주양(走壤, 강원도 춘천)에 이르렀다고 전하는 『삼국사기』 백제본기제1 온조왕 13년조의 기록은[17] 고이왕대의 역사적 사실을 『삼국사기』 편찬자가 온조왕대로 소급(遡及), 부회(附會)하여 기술한 것이라고 이해한 기존의 견해는[18] 나름대로 타당성을 지녔다고 평가할 수 있다.

이렇다고 하여 3세기 후반에 백제가 영서 지역을 확고하게 지배하였다고 단정해서는 곤란할 듯싶다. 다음의 기록을 주목해보자.

> 겨울 10월에 백제 군사가 우두주(牛頭州)에 침입하였으므로 이벌찬 충훤(忠萱)이 군사를 이끌고 그들을 막았는데, 웅곡(熊谷)에 이

---

15) 심재연, 「한성백제기 북한강 중상류지역의 양상에 대하여」, 『호서고고학보』 14, 2006.

16) 예맥문화재연구원, 「화천 원천리 2지구 유물 산포지내 유적 발굴조사 2차 지도위원회 자료」 및 「화천 원천리 2지구 유물 산포지내 유적 발굴조사 3차 지도위원회 자료」, 2010.

17) 遣使馬韓告遷都. 遂畫定疆埸 北至浿河 南限熊川 西窮大海 東極走壤(『삼국사기』 백제본기제1 온조왕 13년 8월).

18) 이병도, 「백제의 건국문제와 마한 중심세력의 변동」, 『한국고대사연구』, 박영사, 1976, 476~477쪽.

흐러 적에게 패하여 혼자 말을 타고 돌아왔으므로 진주(鎭主)로 좌천시키고 연진(連珍)을 이벌찬으로 삼아 군사의 일을 겸하여 맡게 하였다(『삼국사기』 신라본기제2 나해니사금 27년).

『삼국사기』 백제본기제2 구수왕 9년조에도 동일한 기사가 전하며, 여기서는 백제가 침략한 곳을 우두진(牛頭鎭)이라고 표기하였다. 신라가 우두 지역에 군주(軍主)를 파견한 것은 선덕여왕 6년(637)인데, 이때 비로소 우두주를 설치한 것으로 추정된다.[19] 한편 『삼국사기』 신라본기 이사금과 마립간시기의 기록에 진(鎭)을 설치한 기사가 여럿 전하여[20] 신라에서 상고기에 전략적 요충지에 군사주둔기지인 군진(軍鎭)을 설치하였음을 엿볼 수 있다. 이를 감안하건대, 신라가 우두 지역에 주(州)가 아니라 군사주둔기지인 진(鎭)을 설치하였다고 이해하는 것이 사실에 더 부합할 것이다.

여기서 문제는 기년에 관해서이다. 나해이사금 27년과 구수왕 9년은 기년상으로 모두 222년에 해당한다. 그러나 신라본기와 백제본기 초기 기록은 기년을 그대로 신뢰하기 어렵기 때문

19) 善德王六年 唐貞觀十一年 爲牛首州置軍主(『삼국사기』 잡지제4 지리2 삭주).

신라는 선덕여왕 6년(637)에 牛首(牛頭)에 군주를 파견하면서 동시에 新州를 漢山州와 牛首(頭)州로 분할하였다(전덕재, 「신라 중고기 주의 성격 변화와 군주」, 『역사와 현실』 40, 2001, 65~66쪽).

20) 『삼국사기』 신라본기에 아달라이사금 4년 3월에 왕이 長嶺鎭에 행차하였고, 소지마립간 15년에 왜군의 침략에 대비하여 臨海鎭과 또 다른 長嶺鎭을 설치하였으며, 소지마립간 22년에 왜군이 長峯鎭을 공격하여 함락시켰다고 전한다.

에 신라가 우두진을 설치한 시기를 220년대라고 딱 잘라 말하기 곤란하다. 더구나 『삼국지』 위서 동이전에서 살필 수 있듯이 3세기 전 · 중반에 사로국은 진한의 맹주국도 아니었다. 사로국의 왕이 진한을 대표하여 서진에 사신을 파견한 3세기 후반 무렵에나 사로국이 비로소 진한의 맹주국으로 부상하였다고 봄이 타당할 것이다. 이처럼 3세기 전반에 신라가 우두 지역에 군사기지를 설치하여 영서 지역을 통제, 장악하였다고 단정하기 어렵다고 하더라도 위의 기록은 어느 시기엔가 분명히 신라가 영서 지역을 통제, 장악하였음을 알려주는 자료라는 사실 자체는 부인할 수 없을 것이다. 그러면 과연 어느 시기에 신라가 우두 지역에 군사기지를 설치하고, 영서 지역을 통제, 장악하였을까?

『삼국사기』 신라본기제2 기림이사금 3년(300) 2월조에 '(왕이) 비열홀(比列忽)에 순행(巡幸)하여 나이 많은 사람과 가난한 사람들을 몸소 위문하고 곡식을 차등 있게 내려주었다. 3월에 우두주에 이르러 태백산(太白山)에서 망제(望祭)를 지내자, 낙랑과 대방 두 나라가 와서 항복하였다'라는 기록이 전한다. 비열홀은 현재 북한의 강원도 안변군 안변읍으로 비정된다. 종래에 비열홀은 진흥왕대에 비로소 신라의 영역에 편입되었으므로 기림왕이 그곳에 행차하였다는 기록의 내용을 그대로 믿을 수 없고, 다만 이때에 낙랑과 대방이 항복한 사실은 두 군이 완전하게 신라에 복속된 것이 아니라 3세기 후반부터 쇠퇴한 두 군 예하의 일부 지역이 신라에 항복한 것을 반영한 것으로 추론한 견해가 제기되었다.[21]

이와 같은 기존의 견해는 나름대로 일리가 있다고 본다. 필자는 여기에서 한걸음 더 나아가 위의 기사는 300년 무렵에 우두 지역에 대한 지배권을 둘러싸고 신라와 낙랑·대방군 등 중국 군현세력이 갈등하였고, 결과적으로 신라가 우두 지역에 대한 지배권을 획득하였음을 반영하는 것이 아닐까 추정하려고 한다.[22) 이러한 사실을 후대에 당시 신라왕이 그곳에 순행하여 태백산에서 망제를 지낼 때에 마치 낙랑군과 대방군이 와서 항복한 것처럼 부회한 것으로 여겨진다. 이처럼 4세기 무렵에 신라와 낙랑 · 대방군이 영서 지역의 통제권을 둘러싸고 갈등하였음을 염두에 둘 때, 앞에서 제시한 기록은 바로 4세기 이전, 구체적으로 사로국이 진한의 맹주국으로 부상한 3세기 후반 무렵에 백제와 신라가 우두 지역을 둘러싸고 경쟁한 사실을 알려주는 자료로 이해할 수 있지 않을까 한다. 나아가 이 자료를 근거로 3세기 후반에서 4세기 사이 어느 시기에 신라가 우두 지역에 군사기지를 설치하여 한동안 영서 지역을 통제, 장악하였다는 추정도 충분히 가능할 듯싶다. 이렇다고 한다면, 280년대에 사로국의 사신이 죽령(竹嶺)을 통과하여 춘천과 화천, 철원 등을 거쳐 대

---

21) 정구복 등, 『역주 삼국사기』3(주석편〈상〉), 한국정신문화연구원, 1997, 74쪽.

22) 고이왕을 이어 286년에 왕위에 오른 책계왕이 대방왕의 딸 寶菓와 혼인하였고, 298년(책계왕 13)에 중국 군현, 즉 漢이 영서 지역의 주민을 가리키는 것으로 추정되는 貊人과 함께 백제를 공격한 것에서 300년을 전후한 시기에 중국 군현세력이 백제를 대신하여 영서지역에 대한 지배권을 둘러싸고 신라와 충돌하였다고 추론할 수 있지 않을까 한다.

방 · 낙랑군에 안전하게 이르렀다고 이해하여도 크게 문제가 되지 않을 것이다.

한편 사로국의 사신이 서진에 이르렀다고 하였을 때, 그가 서진의 수도인 낙양(洛陽)에 가서 조공한 것인지, 아니면 동이교위부(東夷校尉府)가 위치한 양평(襄平)에 이르러 조공한 것인지 명확하지 않다. 만약에 전자라고 한다면, 낙랑군 · 대방군에서 낙양에 이르는 교통로와 관련하여 정원(貞元) 연간(785~804)에 가탐(賈耽)이 지은 『도리기(道里記)』를 주목할 필요가 있다. 이에 따르면, 산동반도의 등주(登州)에서 출발한 배는 발해(渤海)와 서해(西海)를 경계짓는 묘도열도(廟島列島)를 통과하여 요동반도의 서남단인 여순(旅順)에 이르고, 여기에서 해안을 따라 동쪽으로 가서 압록강 하구에 도달한 다음, 평안도 서해안을 따라 대동강 하구, 초도(椒島)를 지나 신라 서북쪽 황해도 장연군 장산곶 근처에 위치한 장구진(長口鎭)에 다다른다고 한다.[23)]

23) 登州東北海行 過大謝島 龜歆島 淤島 烏湖島三百里 北渡烏湖海 至馬石山東之都里鎭二百里 東傍海壖 過青泥浦 桃花浦 杏花浦 石人汪 槖駝灣 烏骨江八百里 乃南傍海壖 過烏牧島 貝江口 椒島 得新羅西北之長口鎭. 又過秦王石橋 痲田島 古寺島 得物島千里 至鴨淥江唐恩浦口. 乃東南陸行七百里 至新羅王城. 自鴨淥江口舟行百餘里 ---생략--- 又正北如東六百里 至渤海王城(『新唐書』 卷33下 地理志).

『신당서』 권43하 지리지에 게재되어 있는 賈耽의 『方域道里數記』에 四夷로 들어가는 7개의 교통로가 있다고 전하는데, 그 가운데 하나가 바로 登州海行入高麗渤海道이다. 일반적으로 『方域道里數記』를 『道里記』라고 부르고, 登州海行入高麗渤海道를 登州路라고 부른다(今西龍, 「慈覺大師入唐求法巡禮行記を讀みて」, 『新羅史研究』, 國書刊行會, 1970, 352~367쪽).

이것을 기초로 신라 사신이 낙랑 · 대방군에서 서진의 수도 낙양에 이르는 도정을 추적하면, 대동강 하구에서 출발한 사로국의 사신은 평안도 연안항로를 이용하여 압록강 하구에 이른 다음, 여기에서 요동반도 남단 연안, 요동반도와 산동반도를 잇는 묘도열도를 따라 계속 항해하여 산동반도 동래군(東萊郡) 황현(黃縣, 당대에 등주로 개칭)에 다다르고, 다시 여기에서 육로를 이용하여 서진의 수도인 낙양에 도달하였다고 정리할 수 있다.[24] 그리고 만약에 사로국의 사신이 양평의 동이교위부에 이르러 조공한 것이라면, 사로국의 사신은 평안도 연안항로를 이용하여 압록강 하구의 서안평(西安平)에 이른 다음, 거기에서 육로로 양평에 다다랐다고 볼 수 있다.

Ⅲ. 당은포로와 신라도

중고기에 신라가 자주 왜에 사신을 파견하였다. 신라 사신은 대체로 울산 방면에서 출발하여 대마도, 일기도(壹岐島), 축자(筑紫), 뇌호내해(瀨戶內海), 난파진(難波津)을 경유하는 교통로를 이용한 것으로 보인다. 즉 상고기와 비교하여 크게 변동이 없었던 것이다. 반면에 신라가 554년 관산성전투를 계기로 확고

24) 당시 낙랑군에서 산동반도 등주에 이르는 항로와 관련된 자세한 사항에 대해서는 권덕영, 『고대한중외교사-견당사연구-』, 일조각, 1997, 201쪽이 참조된다.

하게 한강유역을 차지하고 중국의 여러 왕조와 직접 교류하기 시작하면서 대중국 교통로에 변화가 나타났다.

한강유역을 차지한 이후에 신라는 564년(진흥왕 25)과 572년(진흥왕 33)에 북제(北齊)에 사신을 파견하였고, 566년(진흥왕 27)과 567년, 570년, 571년, 578년(진지왕 3)에 진(陳)에 사신을 파견하였다. 그리고 585년(진평왕 8) 7월에 고승 지명(智明)이, 589년(진평왕 11)에 원광법사(圓光法師)가 불법을 배우러 진으로 갔다. 그렇다면 6세기 후반에 신라는 어떠한 교통로를 이용하여 중국 북조(北朝)와 남조(南朝)에 사신을 파견하였을까? 다음의 기록을 주목해보자.

> 8월에 (백제 의자왕이) 또 고구려와 함께 모의하여 당항성(党項城)을 빼앗아 당나라로 가는 길을 끊으려 하였으므로 왕이 사신을 (당) 태종에게 보내 위급함을 알렸다(『삼국사기』 신라본기제5 선덕여왕 11년).

위의 기록은 당항성이 선덕여왕 11년(642)에 신라에서 당나라로 출발하거나 또는 당나라에서 신라로 들어오는 중요한 곳에 위치하였음을 알려주는 자료이다. 당항성 근처에 위치한 나루가 바로 당항진(党項津)인데, 564년(진흥왕 25)에 신라가 북제와 처음 교류할 때부터 사신들은 이곳에서 배를 타고 중국에 들어갔을 것으로 짐작된다. 당항성은 경기도 화성시 서신면 상안리 구봉산에, 당항진은 그 앞마을인 전곡리에 위치하였다. 전곡리에 당곶(唐串) 또는 당고지가 있는데, 이것은 삼국시대 당나라를

왕래하던 무역선이 출입하던 곳이어서 붙여진 지명이라고 한다.[25)]

『삼국사기』 지리지에 따르면, 당은군(唐恩郡)이 본래 고구려의 당성군(唐城郡)이었다고 한다. 고구려가 한강유역을 상실한 것은 551년이고, 당이 건국된 것은 618년이므로 551년 이전 고구려에서는 당성군(唐城郡)이 아니라 당항성군(党項城郡) 또는 당성군(党城郡)이라고 표기하였음이 분명하다.[26)] 『삼국사기』 신라본기제7 문무왕 8년(668)조에 이 해 6월 12일에 유인궤(劉仁軌)가 김삼광(金三光)과 함께 당항진에 도착하였다고 전하므로 신라에서도 668년까지 '당항성군(당성군)'이라고 표기하였다고 볼 수 있다. 신문왕대 이후에 신라와 당나라의 교류가 활발해지면서 당성(党城)을 당성(唐城)으로 표기하기 시작한 것으로 추정되며, 경덕왕대에 당성군을 당은군으로 개명하였고,[27)] 829년(흥덕왕 4)에 당은군에 당성진(唐城鎭)을 설치하면서 다시 당성군으로 개칭하였다.[28)] 군명(郡名)의 개칭에 따라 관문항(關門

---

25) 화성시사편찬위원회, 『華城市史 II』(충 · 효 · 예의 고장 坤-문화재 · 민속 · 지명유래), 2005, 713쪽.

26) 漢州 獐口郡(경기도 안산시)이 본래 고구려 獐項口縣이었다. 신라 경덕왕대에 '項'字를 생략하고 지명을 개정한 것에서 党項城의 경우도 '項'字를 생략하고 단지 党城이라고 부르기도 하였음을 유추할 수 있다.

27) 헌덕왕 15년(823) 2월에 水城郡과 唐恩縣을 합쳤고, 흥덕왕 4년(829) 2월에 唐恩郡을 唐城鎭으로 삼았던 것에서 경덕왕대 이후에 唐恩郡을 唐恩縣으로 降等하였다가 829년 이전에 다시 唐恩郡으로 昇格시켰음을 유추할 수 있다.

28) 『삼국사기』 신라본기제11 헌안왕 2년(858)조에 唐城郡의 남쪽 강가에 큰 고기가 나왔다는 기록이 전하고, 또 최치원이 893년에 賀正使로

港)의 명칭 역시 당항진, 당성진, 당은포, 당성포(진)로 바뀌었을 것이다. 결국 신라의 사신은 경주에서 출발하여 육로로 당항진(당은포)에 이른 다음, 여기에서 배를 타고 중국으로 건너갔다고 정리할 수 있는데, 경주와 당은포를 연결하는 교통로를 신라인들은 당은포로(唐恩浦路)라고 불렀다.

> 본국(신라) 경계 안에 3주(州)를 설치하였으니, 왕성(王城) 동북쪽의 당은포로(唐恩浦路)에 해당하는 곳을 상주(尙州)라고 부르고, 왕성 남쪽을 양주(良州), 서쪽을 강주(康州)라고 불렀다(『삼국사기』 잡지제3 지리1).

상주의 주치(州治)는 경상북도 상주시였다. 위의 자료는 상주가 바로 왕성에서 당은포에 이르는 교통로, 즉 당은포로(당항진로 또는 당성진로)의 요지였음을 알려준다. 경주에서 상주를 경유하여 당은포를 연결하는 교통로로 2가지를 상정할 수 있다. 하나는 경주에서 영천, 의성을 경유하여 상주에 이른 다음, 거기에서 다시 문경을 거쳐 계립령을 넘어 충주에 다다르고, 충주에서 여주, 이천, 용인, 수원, 화성을 지나 당은포에 이르는 코스이고, 다른 하나는 상주에서 화령재를 넘어 보은, 청주, 천안시 직산면, 평택과 안중을 거쳐 화성을 경유하여 당은포에 이르는 코스이다.[29)]

임명되어 중국으로 갈 때에 지은 '旅遊唐城贈先王樂官'이란 詩가 『동문선』 권9에 전한다. 829년 이후에 唐恩郡이 아니라 唐城郡이라고 불렀음을 알려주는 자료들이다.

후자의 코스는 길이 평탄하고 거리가 짧다는 장점을 지닌다. 그러나 『삼국사기』 열전제7 소나조에 '(진평왕대에) 사산(蛇山, 천안시 직산면)의 경계가 백제의 땅과 엇물려 있으므로 서로 침략하고 공격하지 않은 달이 없었다'고 전하는 것에서 보듯이 그것은 백제 멸망 전에 안전이 보장되기 어려워서 그리 널리 이용되었다고 말하기 곤란하다. 661년(문무왕 1)에 원효(元曉)가 의상(義湘)과 함께 당나라로 가다가 직산(稷山, 천안시 직산면)에 이르러 깨달음을 얻었다는 일화가 전한다.[30] 원효와 의상 두 사람은 상주를 거쳐 화령재를 넘고 보은, 청주를 경유하여 천안시 직산면에 이르렀을 것이다. 신라인들이 백제 멸망 후에 상주에

---

29) 이에 관해서는 서영일, 『신라육상교통로연구』, 학연문화사, 1999, 127~134쪽이 참조된다. 여기서 서영일 선생은 이천-수원으로 연결되는 통로에는 광주산맥이 지나가고 있어서 교통로의 개설이 어렵고, 신라 당대에는 서울이나 안성 방면으로 우회하였다고 이해하였다. 한편 권덕영, 앞의 책, 1997, 192쪽에서는 신라 견당사들은 주로 계립령을 넘어 충주를 거쳐 당은포에 이르는 교통로를 이용하였다고 이해하였다.

30) 月光寺圓朗禪師塔碑에 원효가 稷山에 이르러 깨달음을 얻었다는 내용이 전한다. 『송고승전』에서는 의상대사가 總章 2년(669)에 商船을 타고 산동반도 登州에 이르렀다고 전하고, 『삼국유사』 권제4 의해제5 義湘傳敎條에서는 永徽(650~655) 초에 당나라 사신의 배에 便乘하여 당에 들어갔으며, 권제3 탑상제4 前後所藏舍利條에 인용된 浮石本碑에서는 龍朔 원년(661)에 당으로 들어갔다고 전한다. 이밖에 최치원이 지은 「海東華嚴初祖忌晨願文」에서는 龍朔 2년(662)에 당에 들어가 智儼을 뵈었다고 전한다. 이처럼 의상이 당으로 들어간 시기에 대하여 기록마다 차이를 보이긴 하나 대체로 661년으로 이해하는 것이 일반적이다(정병삼, 『의상 화엄사상 연구』, 서울대학교 출판부, 1998, 92쪽).

서 화령재를 넘고, 청주를 거쳐 당항진에 이르는 코스를 활용하였음을 알려주는 구체적인 자료이다. 상주에서 화령재를 넘어 당항진에 이르는 교통로 가운데 가장 중요한 곳이 바로 청주인데, 신라는 685년에 여기에 서원소경(西原小京)을 설치하였다. 아마도 서원소경 설치 후에 신라 사신과 사람들이 상주에서 청주를 경유하는 교통로를 널리 활용한 것으로 추정되며, 엄밀하게 말하여 『삼국사기』 지리지에 전하는 당은포로는 바로 이것을 가리킨다고 볼 수 있다.[31)]『도리기』에 따르면, 당은포구에서 동남 방향으로 륙로로 700리를 가면 신라 왕성에 이른다고 한다.

그러면 이제 당항진(당은포)에서 어떠한 항로를 통하여 중국에 다다랐을까를 살펴볼 차례인데, 이에 관한 내용은 앞에서 제시한 『도리기』에 자세하게 전한다. 여기에 당나라 등주에서 장구진과 당은포에 이르는 두 개의 항로가 제시되어 있다. 장구진에 이르는 항로는 등주에서 묘도열도, 요동반도 연안, 압록강 하구 및 대동강[패강(貝江)] 하구, 초도를 지나는 것을 가리킨다. 아마도 장구진에서 다시 강화도, 덕물도를 거쳐 당은포에 이르는 것이 일반적이었다고 짐작된다. 또 하나는 진왕석교(秦王石

31) 822년(헌덕왕 14) 이전에 신라가 施彌知鎭을 설치하였는데, 이는 尙州 領縣인 知乃彌知縣(상주시 외서면)에 위치한 것으로 이해되고 있다. 지내미지현이 상주에서 화령으로 가는 방향에 위치하였으므로 軍士駐屯基地인 施彌知鎭은 결과적으로 상주에서 화령재를 넘어 청주에 이르는 교통로의 안전을 담보하기 위하여 설치하였다고 추론할 수 있다. 이러한 사실을 통해서도 상주와 청주를 경유하는 교통로가 통일신라기에 널리 활용되었다는 추정을 보완할 수 있다.

橋)를 지나 마전도(麻田島), 고사도(古寺島), 득물도(得物島)를 경유하여 당은포에 이르는 항로, 즉 서해 중부 횡단항로이다.[32)]

옥룡사통진대사탑비(玉龍寺洞眞大師塔碑)에 동진대사(洞眞大師) 경보(慶甫)가 진교(秦橋)를 지나 중국에 다다랐다고 전하는데, 진왕석교와 진교는 동일한 곳을 가리킨다. 진교는 산동성(山東省) 영성시(榮成市) 성산진(成山鎭), 즉 산동반도 동쪽 끝에 위치하였다.[33)] 마전도와 고사도는 오늘날 어느 곳에 해당하는지 정확하게 알 수 없고,[34)] 득물도는 덕물도(德物島)를 가리키는데, 인천광역시 옹진군 덕적면 덕적도(德積島)의 옛 이름이다. 『구당서』 권83 열전제33 소정방전에 소정방이 백제정토군(百濟征討軍)을 이끌고 성산(城山)으로부터 출발하여 바다를 건너 웅진강구(熊津江口)에 이르렀다고 전하고, 『삼국사기』 신라본기제5 태종무열왕 7년조에 이 해 6월 18일에 소정방이 당군과 함께 배를 타고 바다를 건너왔으며, 6월 21일에 무열왕이 태자 법민(法敏)을 보내 덕물도에서 소정방을 맞이하게 하였다고 전한다. 산동반도의 성산(成山)에서 출발한 백제정토군은 『도리기』에 전하는 항로, 즉 진왕석교에서 당은포에 이르는 항로를 이용하여

32) 『도리기』에 '又過秦王石橋 麻田島 古寺島 得物島千里 至鴨淥江唐恩浦口'라고 전하는데, 여기서 '至鴨淥江'은 잘못 기재된 것으로 추정되고, 千里는 압록강 하구에서 덕물도까지의 거리를 가리키는 것으로 이해된다.

33) 정진술, 앞의 책, 2009, 242~243쪽.

34) 內藤雋輔, 「朝鮮支那間の航路及び其の推移に就いて」, 『朝鮮史研究』, 東洋史研究會, 1961, 373~374쪽에서 麻田島는 喬桐島, 古寺島는 강화도로 비정하였다.

덕물도에 이른 것으로 추정된다.

신라에서는 대체로 당항진, 즉 당은포에서 중국을 향하여 출발하였다. 반면에 산동반도에서 신라로 향하는 관문항은 매우 다양하였다. 성산포(成山浦)와 적산포(赤山浦), 유산포(乳山浦), 지부도(芝罘島), 황현포(黃縣浦) 등이 바로 그것이다.[35] 그러면 서해 북부 연안항로와 서해 중부 횡단항로 가운데 신라 사신 또는 당나라 사신이 주로 이용한 것은 어느 것이었을까가 궁금한데, 이에 대한 의문과 관련하여 다음의 기록을 주목할 필요가 있다.

> 당에 보낸 압사(押使) 대금상(大錦上) 고향사현리(高向史玄理), 대사(大使) 소금하(小錦下) 하변신마려(下邊臣麻呂), 부사(副使) 대산하(大山下) 약사혜일(藥師惠日), 판관(判官) 대을상(大乙上) 서직마려(書直麻呂), 궁수아미타(宮首阿彌陀), 소을상(小乙上) 강군의(岡君宜), 치시연대백(置始連大伯), 소을하(小乙下) 중신간인련(中臣間人連), 전변사조(田邊史鳥) 등이 2척의 배에 나누어 타고 여러 달 (신라에) 머물다가 신라도(新羅道)를 통하여 래주(萊州)에 이르렀다. 마침내 서울(京)에 이르러 천자(天子)를 받들어 뵈었다(『일본서기』 권25 효덕천황 백치 5년 2월).

왜의 사신들이 백치(白雉) 5년(654) 2월에 신라도를 이용하여 당나라에 들어갔다고 하였기 때문에 그들은 당항진에서 출발하

35) 이에 관한 자세한 사항 및 산동반도 登州에서 長安에 이르는 道程에 대해서는 권덕영, 앞의 책, 1997, 194~196쪽 및 205~207쪽이 참조된다.

여 산동반도의 내주(萊州)에 도착하였음이 분명하다. 측천무후(則天武后) 여의(如意) 원년(692)에 래주의 황현(黃縣)을 분할하여 등주(登州)로 삼았으므로 왜의 사신들이 도착한 곳은 등주 설치 후의 문등현(文登縣), 모평현(牟平縣), 황현 가운데 하나였다고 볼 수 있다. 왜인들은 당항진에서 당대(唐代) 산동반도 등주에 이르는 항로를 신라도라고 불렀는데, 이것은 신라인이 부른 것을 그대로 따랐음이 분명하다. 그러면 신라도는 서해 북부 연안항로와 서해 중부 횡단항로 가운데 어느 것을 가리키는 것일까?

『삼국사기』 신라본기제4 진평왕 47년(625)조에 신라가 당나라에 사신을 파견하고, 아울러 고구려가 길을 막고서 조공하지 못하게 하였다고 호소한 내용이, 신라본기제5 진덕여왕 2년(648)조에 김춘추가 당에서 돌아오는 길에 바다 위에서 고구려의 순라병(巡邏兵)을 만났는데, 이때 온군해(溫君解)가 김춘추 대신 살해되었다는 일화가 전한다. 두 자료는 신라에서 산동반도를 연결하는 항로가 고구려 영해에 걸쳐 있었음을 알려준다. 종래에 두 자료를 근거로 7세기 중반에 신라가 서해 북부 연안항로를 이용하였다고 주장하였다.[36] 통일기에 서해 북부 연안항로가 널리 이용되었지만, 그러나 7세기 전 · 중반에 신라인이 적대관계인 고구려의 연안항로를 이용하여 산동반도에서 신라로, 신라에서 산동반도로 향하였다고 가정하기가 그리 쉽지 않다.

---

36) 권덕영, 같은 책, 200쪽; 강봉룡, 「고대 한 · 중항로와 흑산도」, 『동아시아고대학』 20, 2009, 6~8쪽.

당항진에서 출발하거나 산동반도에서 출발하는 배의 경우, 서해 중부 횡단항로를 이용하였을 가능성이 높고, 그 항로 가운데 일부가 고구려 영해에 걸쳐 있었기 때문에 고구려의 방해를 받았다고 이해하는 것이 보다 합리적이라고 생각되기 때문이다. 이와 관련하여 서해 중부 횡단항로를 이용할 경우, 황해도 풍천(豊川), 초도(椒島)에서 서해를 횡단하였다고 보거나[37] 또는 황해도 연안과 대청도 혹은 백령도, 장구진(長口鎭) 등에서 서해를 횡단하였다고 이해한 견해가[38] 제기되어 참조된다.

서해 북부 연안항로의 경우, 고구려의 도움을 받지 않고 안전하게 항해하기가 곤란하다는 점에서 그것을 신라도라고 불렀을 가능성은 희박하다. 더구나 고구려의 영해를 경유하는 경우에도 안전한 항해를 보장받기 어렵기 때문에 그곳을 경유하는 항로를 과연 신라도라고 불렀을 것인가에 대하여 지극히 회의적이다.

654년에 왜의 사신들이 중국으로 향할 때에 고구려의 방해를 받지 않은 것으로 보인다. 『일본서기』 권26 제명천황 4년(658) 7월조에 사문(沙門) 지통(智通), 지달(智達)이 칙명을 받들어 신라의 배를 타고 당나라에 갔다고 전하고, 660년에 13만의 백제

37) 김문경, 「재당신라인의 집락과 그 구조」, 『고대한중관계사의 연구』, 심지원, 1987, 282쪽; 신형식, 「한국 고대의 서해교섭사」, 『국사관논총』 2, 1989, 9~10쪽.

38) 정진술, 앞의 책, 2009, 76~77쪽; 권덕영, 앞의 책, 1997, 202~203쪽. 한편 『삼국유사』 권제2 기이제2 진성여대왕 거타지조에 진성여왕의 막내 아들 良貝가 당나라에 사신으로 갈 때에 그가 탄 배가 鵠島(백령도)를 지났다는 내용이 전한다. 서해 중부 횡단항로를 이용할 때에 백령도에서 서해를 횡단하였음을 시사해주는 자료로서 주목된다.

정토군을 태운 배들도 고구려의 방해를 받지 않고 덕물도(덕적도)에 이르렀으며, 661년에 의상법사 또한 상선 또는 당나라 사신의 배에 편승해 당항진에서 출발하여 당대(唐代)의 등주(登州)에 다다랐다고 알려졌다. 654년 무렵부터 신라가 고구려 영해(領海)를 경유하지 않고 당항진에서 직접 서해를 횡단하여 산동반도를 잇는 새로운 항로를 개척하였음을 유추케 해준다. 백제가 서해 중부 횡단항로를 활용하였음이 확인되는데,[39] 아마도 신라는 한강유역을 차지한 후에 한동안 백제가 주로 활용한 항로, 즉 고구려 영해를 경유하는 항로를 이용하였을 것이다. 654년 무렵에 신라는 고구려의 방해를 받지 않고 덕물도 등을 경유하여 중국의 산동반도에 도달할 수 있는 새로운 항로를 개척하였고, 그것을 신라도라고 불렀지 않았을까 한다.

39) 476년(문주왕 2)에 백제에서 南朝의 宋나라에 사신을 파견하려다가 고구려가 길을 막아 도달하지 못하고 되돌아왔고, 484년(동성왕 6)에 南齊에 사신으로 파견된 內法佐平 沙若思가 서해 바다에 이르러 고구려의 군사를 만나 가지 못하였다고 한다. 470~480년대 고구려와 백제의 관계를 염두에 둔다면, 백제가 서해 북부 연안항로를 이용하여 송과 남제에 이르려고 하였다고 보기 어려울 것이다. 당시 백제는 황해도 豊川(椒島)에서 서해를 횡단하였거나 또는 대청도 혹은 백령도, 장산곶 등에서 서해를 횡단하는 항로를 이용하여 중국 산동반도에 이르고, 여기에서 다시 南朝의 宋이나 南齊에 도달하려고 하였다고 보인다. 그러나 490년대부터 남조의 여러 왕조에 사신을 파견한 것을 보건대, 백제가 고구려의 방해를 받지 않고 남조를 연결하는 새로운 항로를 개척하였다고 추정되는데, 종래에 백제가 일반적으로 西海 南部 斜斷航路를 이용하여 南朝에 사신을 파견하였다고 이해하기도 하였으나 (서영수, 「남북조와의 관계」, 『백제의 대외교섭』〈백제문화사대계 연구총서9〉, 충청남도 역사문화원, 2007, 212~218쪽) 재고의 여지가 많다.

Ⅳ. 하대 대중·일 교통로의 변화

1. 서해 남부 사단항로의 이용 증가

통일 이후에도 신라와 당의 사신은 주로 신라도를 포함한 서해 중부 횡단항로를 통하여 왕래하였고, 이밖에 두 나라 사람들은 서해 북부 연안항로를 이용하여 교통하였다. 하대에 이르러 서해 남부 사단항로를 이용하는 사례가 증가하였는데, 7세기대에 백제에서 그것을 이용하였음이 확인된다.

> 축자대재(筑紫大宰)가 '백제의 승려 도흔(道欣), 혜미(惠彌)를 비롯한 10명과 속인 75명이 비후국(肥後國) 위북진(葦北津)에 머물고 있습니다'라고 아뢰었다. 이때 난파길사(難波吉士) 덕마려(德摩呂), 반사룡(般史龍)을 보내어, '어떻게 오게 되었는가'라고 물으니, '백제왕의 명령으로 오국(吳國)에 가게 되었는데, 그 나라에 난리가 나는 바람에 들어갈 수 없었습니다. 다시 본국으로 돌아오는데, 갑자기 폭풍을 만나 바다 가운데 떠돌아다니다가 다행히 성제(聖帝)의 변경에 도착하게 되어 기뻐하고 있습니다'라고 대답하였다(『일본서기』 권22 추고천황 17년 4월 정유삭 경자).

위의 기록은 추고천황 17년(609, 무왕 10)에 백제에서 오국에 파견한 사신이 그곳에 상륙하지 못하고 되돌아오다가 비후국 위북진에 표착(漂着)하였음을 알려주는 자료이다. 여기서 오국은 남중국을 가리키는 표현이고, 위북진은 현재 일본 웅본현(熊本

縣) 위북군(葦北郡)에 위치한 포구를 말한다. 백제 사신이 탄 배가 어느 곳에서 폭풍을 만나 표류하였는가와 관련하여 『속일본기』 권13 성무천황 천평(天平) 12년(740) 11월 무자조에 전하는 등원광사(藤原廣嗣) 일행의 행적을 주목할 필요가 있다. 이에 따르면, 반란을 일으킨 등원광사(藤原廣嗣) 등이 지가도(知駕島)[치가도(値嘉島): 장기현(長崎縣)의 오도열도(五島列島)]에서 출발하여 동풍을 만나 4일을 가다가 탐라도(제주도) 근처에 다다랐으며, 이후 다시 서풍을 만나 등보지가도(等保知駕島)의 색도도(色都島)에 도착하여 사로잡혔다고 한다. 등원광사(藤原廣嗣)는 오도열도에서 출발하여 배를 타고 제주도 근처까지 갔다가 다시 서풍을 만나 오도열도로 회항한 셈이 된다. 1599년에서 1888년 사이에 조선인의 오도열도 표착 사례는 145건이었는데, 이 가운데 전라도 출신 표류민이 83건, 제주도 출신이 50건이었고, 경상도와 충청도 출신은 5건과 2건이었다.[40)] 전라도와 제주도 해안에서 강력한 서풍을 만나 표류하면, 대체로 오도열도에 표착하였음을 시사해주는 자료이다.

남해안에서 오도열도를 경유하여 위북진에 도달하는 것이 일반적이었다. 등원광사의 행적과 조선 후기 오도열도에 표착한 조선인의 출신지를 참고한다면, 609년 백제 사신이 탄 배는 제주도 또는 전남 해안 지역에서 폭풍을 만나 표류하다가 위북진에 이르게 되었다고 볼 수 있다. 그런데 『일본서기』 권26 제명

---

40) 정성일, 「교류의 경로와 풍경-일본 고토렛토(五島列島)를 중심으로-」, 『도서문화』 67, 2010, 79쪽.

천황(齊明天皇) 5년(659) 가을 7월 병자삭 무인조에 왜의 견당사(遣唐使)를 태운 2척의 배가 이름을 알 수 없는 백제 남해의 섬과 이가위(爾加委)를 경유하여 각기 월주(越州) 회계현(會稽縣)[양주(揚州) 동쪽 장강(長江) 하류에 위치한 절강성(折江省) 소흥시(紹興市) 부근]과 괄주(括州)[절강성(折江省) 여수시(麗水市)]에 도착하였다고 전한다.[41] 이때 왜의 사신은 백제 남쪽 해안에서 서해를 사단(斜斷)으로 횡단하여 괄주(括州) 또는 장강(長江) 하류지역에 도착하였음이 분명하다. 이러한 사실과 백제 사신이 탄 배가 제주도 또는 전남 해안에서 폭풍을 만나 왜의 위북진에 표착한 사례를 근거로 하여 백제 사신 역시 서남해안에서 출발한 다음, 서해를 사단으로 횡단하여 오국, 즉 남중국에 나아갔다고 추론할 수 있다.

609년 이외에도 백제가 서해 남부 사단항로를 이용하여 중국과 교류하였을 가능성을 상정할 수 있을 것이다. 그러나 웅진과 사비시대에 백제에서 통상 이것을 이용하여 남조의 여러 나라 및 수·당과 교류하였다고 단정하기 어렵다. 일단 먼저 이 항로는 서해를 사단으로 횡단하기 때문에 조난(遭難)의 위험성이 매

41) 伊吉連博德書曰 同天皇之世 小錦下坂合部石布連 大山下津守吉祥連等二船 奉使吳唐之路. 以己未年七月三日 發自難波三津之浦. 八月十一日 發自筑紫大津之浦. 九月十三日 行到百濟南畔之嶋 嶋名毋分明. 以十四日寅時 二船相從 放出大海. 十五日日入之時 石布連船 橫遭逆風 漂到南海之嶋 嶋名爾加委 仍爲嶋人所滅. 便東漢長直阿利麻 坂合部連稻積等五人 盜乘嶋人之船 逃到括州. 州縣官人 送到洛陽之京. 十六日夜半之時 吉祥連船 行到越州會稽縣須岸山 東北風 風太急(『日本書紀』 권26 齊明天皇 5년 가을 7월 丙子朔 戊寅).

우 높다는 점을 고려할 필요가 있다. 여기다가 609년 무렵에 고구려와 백제는 긴장관계에 있었기 때문에[42] 백제가 609년에 고구려의 방해를 받지 않고 수나라에 사신을 파견하기 위하여 의도적으로 서해 중부 횡단항로가 아니라 남부 사단항로를 이용하였다고 볼 수도 있을 것이다. 이러한 측면에서 609년의 사례를 근거로 웅진과 사비시대에 백제가 통상 서해 남부 사단항로를 이용하여 중국과 교류하였다고 주장하는 것은 조심할 필요가 있지 않을까 한다. 백제에서 이미 서해 남부 사단항로를 이용하여 중국과 교류하였으므로 통일 이후 신라에서도 이 항로를 이용하였을 가능성이 높다고 보인다. 그러나 고구려와 백제가 멸망하여 서해 중부 횡단항로 및 서해 북부 연안항로를 자유롭게 이용하는 것이 가능하였기 때문에 통일 이후에도 한동안 조난의 위험성이 매우 높은 서해 남부 사단항로를 이용하는 경우는 매우 제한적이었을 것이다. 그러나 하대에 이르러 점차 서해 남부 사단항로를 통한 중국과의 교류가 증가하였다.

『입당구법순례행기(入唐求法巡禮行記)』 권1 개성(開成) 4년(839) 4월 2일조에 명주(明州)[중국 절강성(折江省) 영파시(寧波市)]와 양자강(揚子江), 즉 장강(長江)에서 출발한 배가 바람(西風)이 불면 신라 경계에 닿는다는 내용이 보인다.[43] 830년대에

42) 백제가 607년(무왕 8)에 수나라에 사신을 파견하여 고구려를 칠 것을 요청하자, 이에 대하여 고구려가 백제의 松山城과 石頭城을 공격하였다. 또한 626년(무왕 27)에 백제가 당나라에 사신을 파견하여 고구려가 조공하는 길을 허용하지 않는다고 호소하였음이 확인된다.

43) 第二船頭長岑宿禰申云 …생략… 案舊例 自明州進發之船 爲吹著新羅境. 又從揚子江 進發之船 又著新羅(『入唐求法巡禮行記』 권1 開成 4

절강 지역이나 장강 하구에서 배를 타고 서해 남부 사단항로를 이용하여 신라에 도달하는 경우가 적지 않았음을 시사해주는 자료이다. 신라측의 자료에서도 9세기 전반에 이 항로를 이용하여 남중국에 도달한 사례를 여럿 발견할 수 있다. 『삼국사기』 신라본기와 『구당서』 신라전에 816년(헌덕왕 8) 기근(饑饉)이 들자, 170여 명이 중국 절동지방(浙東地方)에까지 가서 먹을 것을 구했다고 전한다. 여기서 절동(折東)은 현재 중국 절강성(浙江省) 전당강(錢塘江)[절강(浙江)]의 동쪽을 가리킨다. 170여 명의 신라인은 전남 해안 지역에서 출발하여 서해 남부 사단항로를 이용하여 절동지방(折東地方)에 이르렀을 것이다.[44]

그 다음해에 왕자 김장렴(金張廉)이 당나라로 가다가 태풍을 만나 명주(明州) 해안에 표착하였다는 내용이 『삼국사기』 열전 제6 최치원조에 전한다. 이때 김장렴은 장안에 들어가 신라인을 생구(生口), 즉 노비로 매매하는 것을 금지시켜 달라고 요청하였고, 이에 당 황제는 신라인을 노비로 매매하는 행위를 금지하도록 조치하였다.[45] 한편 821년(헌덕왕 13) 3월에 당나라 평로군 절도사(平盧軍節度使) 설평(薛平)이 해적들이 신라 양민(良民)

年 4월 2일).

44) 한편 『舊唐書』 新羅傳에 816년(헌덕왕 8)에 당의 册封使 崔廷, 副使 金士信 등이 신라에서 당으로 돌아가는 도중에 惡風을 만나 회하 하구인 楚州 鹽城縣에 漂着하였다고 전한다. 아마도 김사신 일행은 서해 중부 횡단항로를 이용하여 당으로 가다가 악풍을 만나 초주 염성현에 표착한 것으로 추정된다.

45) 禁以新羅為生口 令近界州府長吏切加提擧. 以其國宿衛王子金長廉狀陳 故有是命(『册府元龜』 卷42 帝王府 仁慈門 元和 11年).

들을 약탈하여 중국으로 끌고 와서 산동반도에 위치한 평로군 관할의 등주와 내주 경계 및 연안의 여러 지방에서 노비로 팔고 있다고 당나라 황제에게 글을 올려 말한 다음, 신라 양민들을 약탈하다가 노비로 판매하는 행위를 일체 금지해줄 것을 청원하였다.[46] 설평의 주청(奏請) 내용을 통하여 810년대에 해적들이 성행하여 신라 서해안과 등주 및 내주를 연결하는 항로가 안전하지 못하였음을 짐작할 수 있다. 이러한 이유 때문에 김장렴 일행은 서해 남부 사단항로를 이용하여 당나라에 가다가 명주(明州) 해안에 표착한 것으로 보인다. 『조당집(祖堂集)』 권17 혜목산화상전(慧目山和尙傳)에 개성(開成) 2年(837, 희강왕 2) 9월 12일에 혜목산화상(慧目山和尙) 현욱(玄昱)이 왕자 김의종(金義宗)이 (당 황제의) 조서(詔書)를 받들고 귀국할 때에 따라서 무주(武州) 회진(會津)에 도달하였다고 전한다.

9세기 후반 이후에 서해 남부 사단항로를 이용하는 사례가 크게 증가하였는데, 그것을 정리한 것이 〈표 1〉과 〈표 2〉이다. 현욱(玄昱)과 경유(慶猷), 형미(逈微), 이엄(利嚴) 등이 남중국에서 출발하여 전남 나주시 다시면에 위치한 회진(會津)에 이르렀는데, 이에서 9세기 전반 이래 그곳이 서해 남부 사단항로의 출발항(出發港)이나 기착항(寄着港)으로서 기능하였음을 유추할 수

46) 長慶元年三月 平盧軍節度使薛平奏 應有海賊 誘掠新羅良口 將到當管登萊州界及緣海諸道 賣為奴婢者. 伏以新羅國 雖是外蕃 常稟正朔 朝貢不絶 與內地無殊 其百姓良口等 常被海賊掠賣 于理實難 先有制勅禁斷 緣當營乆蹈域中 承前不守 法度自收復已來 道路無阻滯 相販鬻其弊尤深. 伏乞特降明勅 起今已後 緣海諸道 應有上件賊 誘賣新羅良人等 一切禁斷(『唐會要』 권86 奴婢).

〈표 1〉 신라에서 서해 남부 사단항로를 이용하여 남중국에 이른 사례 일람표

연 대	내 용	출 전
882년 (헌강왕 8)	입조사(入朝使) 김직량(金直良)이 초주(楚州)[회하(淮河) 하구]에 도착하여 양주(楊州)에 이름.	『삼국사기』 최치원열전
891년 (진성여왕 5)	선각대사(先覺大師) 형미(逈微)가 입조사(入朝使)를 따라 남중국에 이르러 강서성(江西省) 진현현(進賢縣) 동북 60리에 위치한 종릉(鍾陵)으로 나아감.	무위사선각대사탑비(無爲寺先覺大師塔碑)
896년 (진성여왕 10)	입절사(入折使) 최예희(崔藝熙)가 서쪽으로 배를 타고 가서 중국 절강성(折江省) 영파시(寧波市)에 위치한 은강(鄞江)[명주 정해현(定海縣)]에 도착함.	광조사진철대사탑비(廣照寺眞澈大師塔碑)
900년 (효공왕 4)	정진대사(靜眞大師) 긍양(兢讓)이 배를 타고 중국 강회(江淮)의 언덕에 도달함.	봉암사정진대사탑비(鳳巖寺靜眞大師塔碑)
900년대	대경대사(大鏡大師) 여엄(麗嚴)이 사신을 따라 중국에 가서 강표(江表)[양자강 좌안지방(左岸地方)]에 잠시 머무름.	보제사대경대사탑비(普提寺大鏡大師塔碑)

있다. 대체로 회진에서 광주, 남원, 거창, 대구, 영천 등을 경유하여 경주에 이르렀던 것으로 보인다.[47] 후백제 건국 후에 견훤이 남중국의 오월(吳越)에 여러 차례 사신을 파견하였다.[48] 그런데 양(梁) 개평(開平) 3년(909)에도 견훤이 오월에 사신을 파

47) 권덕영, 앞의 책, 1997, 193~194쪽.
48) 견훤은 900년에 처음 吳越에 사신을 파견하였고, 918년에 또 사신을 파견하였다. 927년에 오월에서 후백제에 사신을 파견하였음이 확인된다.

〈표 2〉 남중국에서 서해 남부 사단항로를 이용하여 신라에 이른 사례 일람표

연대	내용	출전
905년 (효공왕 9)	선각대사(先覺大師) 형미(逈微)가 무주(武州)의 회진(會津)으로 귀국함.	무위사선각대사탑비(無爲寺先覺大師塔碑)
908년 (효공왕 12)	법경대사(法鏡大師) 경유(慶猷)가 무주의 회진으로 귀국함.	오룡사법경대사탑비(五龍寺法鏡大師塔碑)
909년 (효공왕 13)	대경대사(大鏡大師) 여엄(麗嚴)이 무주의 승평(昇平)으로 귀국함.	보리사대경대사탑비(普提寺大鏡大師塔碑)
911년 (효공왕 15)	진철대사(眞澈大師) 이엄(利嚴)이 나주(羅州)의 회진으로 귀국함.	광조사진철대사탑비(廣照寺眞澈大師塔碑)
921년 (경명왕 5)	통진대사(洞眞大師) 경보(慶甫)가 전주(全州) 임피군(臨陂郡)으로 귀국함.	옥룡사통진대사탑비(玉龍寺洞眞大師塔碑)
921년 (경명왕 5)	원종대사(原宗大師) 찬유(璨幽)가 강주(康州) 덕안포(德安浦)로 귀국함.	고달원원종대사탑비(高達院元宗大師塔碑)
924년 (경명왕 8)	정진대사(靜眞大師) 긍양(兢讓)이 전주(全州) 희안현(喜安縣) 포구로 귀국함.	봉암사정진대사탑비(鳳巖寺靜眞大師塔碑)

견하였으나 광주(光州) 염해현(塩海縣, 압해도)에서 왕건(王建)의 수군(水軍)에게 사로잡혀 뜻을 이루지 못하였다.[49] 염해현은 영산강 하구에서 서해 남부 사단항로로 나아가는 길목에 위치하였다. 후백제의 사신은 서해 남부 사단항로를 통하여 오월(吳越)에 가려고 하였음이 분명하다.[50]

---

49) 以舟師次于光州塩海縣 獲萱遣入吳越 船而還 裔喜甚優加褒奬(『高麗史』 卷第1 世家第1).

50) 서해 남부 사단항로의 구체적인 道程에 대해서는 강봉룡, 앞의 논문,

9세기 전반에 서해 남부 사단항로를 이용하는 사례가 늘어난 배경과 관련하여 당시 서해안에 해적들이 횡행하여 산동반도와 당은포를 잇는 항로의 안전이 위협받은 점, 강남 지역의 개발로 강회지역(江淮地域)이 경제적으로 번성하면서[51] 남중국과 신라 사이에 교류가 활성화된 사실[52] 등이 주목된다. 항해기술과 풍랑에 잘 견디는 선박을 건조할 수 있는 조선술(造船術)의 발달도 서해 남부 사단항로를 자주 활용할 수 있는 뒷받침이 되었음은 물론이다.[53] 한편 9세기 후반과 10세기 초반, 즉 오대십국시대(五代十國時代)에 들어 화북(華北)의 다섯 왕조는 단명하였던 반면, 남당(南唐), 오월(吳越), 민(閩), 초(楚), 남한(南漢)은 각

2009, 17~27쪽이 참조된다.

51) 안사의 난 이전까지 황하유역의 인구와 양자강유역의 인구가 대개 비슷한 수준을 유지하고 있었으나 헌종 元和 연간(806~820)을 경계로 강남개발이 활발하게 이루어지면서 이 비율이 역전되었고, 특히 揚州는 강회 지역의 중심지로서 공전의 대번영을 구가하였다고 한다(신성곤, 「당송변혁기론」, 『강좌 중국사』 III, 지식산업사, 1989, 44~52쪽).

52) 『입당구법순례행기』에 830년대에 장보고가 중국에 交關船을 보내고, 崔暈을 大唐賣物使로 임명하였을 뿐만 아니라 최훈의 배가 開成 5년(840) 2월 17일에 揚州로부터 登州의 乳山浦에 이르렀다고 전하는데, 이것은 9세기 전반에 신라와 남중국과의 교류가 매우 활발하게 이루어졌음을 알려주는 자료로서 주목된다. 당시 남중국과 신라와의 교류에 관한 자세한 사항과 관련하여 박찬홍, 「후삼국시기 육상·해상 네트워크의 변화와 재편」, 『장보고와 한국 해양네트워크의 역사』, 재단법인 해상왕장보고기념사업회, 2006, 92~96쪽이 참조된다.

53) 『續日本後紀』 卷9 仁明天皇 承和 7년(840) 9월조에 신라의 배는 능히 파도를 헤치고 갈 수 있다고 언급한 내용이 보여 9세기 전반에 신라인들이 풍랑에 잘 견딜 수 있는 선박을 건조하였음을 알 수 있다.

기 장기간에 걸쳐 안정을 누리면서 산업과 문화가 발달하고, 활발한 대외무역을 통하여 경제적 부를 축적하여 번성하였는데, 이 결과 9세기 말과 10세기 초반에 신라 및 후삼국이 남중국의 여러 왕조와 서해 남부 사단항로를 이용하여 활발하게 교류하였다고 평가할 수 있다.[54]

그런데 여기서 한 가지 유념할 사항이 있다. 하대에 서해 남부 사단항로를 이용한 교류가 증가하였다고 하더라도 여전히 서해 중부 횡단항로를 통하여 교류하는 것이 더 비중이 높았다는 사실이다. 847년에 엔닌(圓仁)이 일본으로 귀국하였는데, 이때 그는 명주(明州), 초주(楚州) 등에서 배를 타고 일본으로 가려고 하다가 여의치 않자, 결국 등주(登州) 적산포(赤山浦) 막야구(莫耶口)에서 출발하여 서해를 횡단한 다음, 신라 서웅주(西熊州) 서해안과 남해안을 거쳐 일본에 도달하였다.[55] 884년에 헌강왕은 양주(揚州)에 있는 최치원을 귀국시키기 위하여 입회남사(入淮南使)로 김인규(金仁圭)를, 입회해사녹사(入淮海使錄事)로 당제(堂弟) 최서원(崔棲遠)을 임명하여 중국 양주(揚州)에 파견하였는데, 최치원 일행은 양주에서 초주(楚州)를 경유하여 산동반도 등주(登州)에 이르렀고, 885년 3월에 등주의 곡포(曲浦)에서 서해 중부 횡단항로를 통하여 신라에 귀국하였다.[56] 원인과 최

54) 김문경 등, 『8~10세기 신라무역선단과 강남』, 재단법인 해상왕장보고기념사업회, 2007, 21~29쪽.

55) 圓仁의 귀국과정은 『입당구법순례행기』 권4 會昌 7년 정월부터 9월까지의 日記에 자세하게 전한다.

56) 최치원과 김인규 일행이 양주를 떠나 登州에 이르고 신라로 귀국하기까지의 여정에 대해서는 『계원필경』 권20에 실린 여러 글을 통해서

치원 일행의 사례는 9세기 중·후반에도 여전히 서해 남부 사단항로보다 중부 횡단항로를 이용하는 것을 더 선호하였음을 알려주는 자료로서 주목된다.57)

신라는 하대에 패강진(浿江鎭), 청해진(淸海鎭), 당성진(唐城鎭), 혈구진(穴口鎭), 장구진(長口鎭), 시미지진(施彌知鎭) 등 여러 곳에 군사주둔기지인 군진(軍鎭)을 설치하였다. 여기서 패강진은 782년(선덕왕 3) 대곡(大谷, 황해도 평산)에, 청해진은 828년(흥덕왕 3)에 장보고의 건의로 완도에 설치한 군진이다. 청해진을 설치한 그 다음 해에 당성진을, 문성왕 6년(844)에 혈구진을 설치하였다. 장구진과 시미지진의 설치연대는 알 수 없다. 이 가운데 당성진(唐城鎭)은 서해 중부 횡단항로의 기점인 당은포(당성진) 근처에 설치한 군진이고, 혈구진은 강화도에, 장구진은 황해도 장연군 장산곶 근처에, 시미지진은 상주시 외서면에 설치한 것이다.58)

앞에서 시미지진은 당은포로의 안전을 확보하기 위해서 설치하였다고 언급하였다. 당성포(당은포)와 강화도, 장연군 장산곶

살필 수 있다.

57) 이밖에도 822년(헌덕왕 14)에 朝正使로 파견된 왕자 金昕이 唐恩浦에서 출발하여 入唐하였고, 普照禪師 體澄이 開成 5년(840), 즉 문성왕 2년에 平盧使를 따라 귀국하였으며, 洞眞大師 慶甫가 892년(진성여왕 6)에 산동반도 동쪽 끝에 위치한 秦橋를 지나 입당하였다. 그리고 진성여왕대에 사신 良貝가 鵠島를 지나 입당하려고 하였고, 893년에 최치원이 賀正使로 파견될 때에 唐城에서 출발하였다. 모두 9세기대에 서해 중부 횡단항로를 이용한 사례에 해당한다.

58) 軍鎭의 설치와 그 성격에 대해서는 전덕재, 「신라 하대 진의 설치와 성격」, 『군사』 37, 1997, 41~47쪽 및 55~63쪽이 참조된다.

은 신라와 중국을 연결하는 교통로의 기점(起點) 또는 요지(要地)에 해당하므로 당성진과 혈구진, 장구진 역시 서해 중부 횡단항로 또는 북부 연안항로의 안전을 확보할 목적으로 설치하였다고 볼 수 있다. 신라와 중국을 연결하는 교통의 요지에 군진을 설치한 사실을 통해서도 9세기대에도 여전히 서해 중부 횡단항로를 활용하여 교류하는 경우가 일반적이었음을 추론할 수 있다. 결과적으로 중대와 하대에 신라와 당이 주로 서해 중부 횡단항로를 통하여 활발하게 교류하였고, 다만 하대에 이르러 점차 서해 남부 사단항로를 이용하여 신라와 남중국 사이의 교류가 증가하는 추세를 보였다고 정리할 수 있다.

2. 대일 교통로의 변화와 청주

8세기에 신라와 일본 사이에 국가 차원의 교류가 활발하게 이루어졌다. 신라의 사신이 일본을 방문하면, 먼저 일본은 구주(九州)의 축전국(筑前國)에 위치한 대재부(大宰府)에서 맞이하고, 그 후에 신라 사신을 뇌호내해(瀨戶內海)를 항해하여 난파진(難波津)에 이르게 하였다.[59] 신라와 일본과의 국가간 공식적인 외교관계는 8세기 말 이후부터 단절되었다. 대신에 9세기 전반에 장보고가 보낸 상인을 비롯한 신라인이 대재부를 중심으로 하여 사무역을 활발하게 전개하였다. 841년 장보고의 죽음 이후 여러

59) 8세기 신라와 일본과의 외교관계에 대해서 김은숙, 「8세기의 신라와 일본의 관계」, 『국사관논총』 29, 1991이 참조된다.

가지 문제가 발생하자, 일본 조정은 842년에 신라인 입경(入境)을 금지시키고 신라인과의 무역관계를 폐쇄하였는데, 이후부터 대재부[홍려관(鴻臚館)]에서 배제된 신라 상인들이 다른 교역장소를 찾거나 해적이 되어 일본 연해안에 출몰하는 사례가 빈발(頻發)하였다.[60] 이처럼 8세기 말 이래 신라와 일본과의 국가간 외교관계가 단절되고, 신라 상인 중심의 사무역이 활발하게 전개됨에 따라 자연히 신라의 대일 교통로에도 변화가 나타났음은 물론이다.

Ⅰ. 참의(參議) 대재권수(大宰權帥) 종3위(從3位) 재원조신행평(在原朝臣行平)이 두 가지 일을 청원하였다. 첫 번째 일은 일기도(壹岐島) 수전(水田) 100정(町)을 경영(經營)하여 대마도(對馬島) 연량(年粮)을 충당하도록 청원하는 일입니다. ---생략--- 두 번째 일은 비전국(肥前國) 송포군(松浦郡) 비라(庇羅)와 치가(值嘉) 2향(鄕)을 합해 다시 2개 군을 재건(再建)하고, 그것을 각기 상근(上近), 하근(下近)이라고 부르며, 치가도(值嘉嶋)를 두는 일을 청원하는 것입니다. ---생략--- 이에 더하여 땅이 바다 가운데 있으면서도 변경 지역으로 이속(異俗)과 이웃하고 있어 대당(大唐)과 신라(新羅)에서 오는 사람들과 우리 조정의 입당사(入唐使) 등이 이 섬을 경유하지 않음이 없습니다. 부두(府頭)와 백성들이 일러 아뢰기를, '지난 정관(貞觀) 11년(869) 신라인이 공선(貢船)의 견면(絹綿) 등을 약탈하여 가던 날에 그 해적들이 함께 이 섬을 지나갔습니다'라고 하였다.

60) 李成市, 『東アジアの王權と交易-正倉院の寶物が來たもうひとつの道-』, 平木書店, 1997, 159~184쪽; 윤재운, 『한국 고대무역사 연구』, 경인문화사, 2006, 280~289쪽.

이로써 보건대 이 땅은 나라의 추요(樞要)한 곳이므로 마땅히 영장(令長)을 가려 신중하게 방어해야 합니다. ---생략--- 바라옵건대, 이 두 향을 합해 두 개의 군(郡)을 재건(再建)하고 상근(上近), 하근(下近)이라 이름하며, 다시 치가도(値嘉島)로 삼아 새로이 도사(島司)와 군령(郡令)을 두어 토공(土貢)을 맡게 하십시요'라고 청원하였다(『일본삼대실록(日本三代實錄)』 권28 청화천황 정관 18년 3월 9일 정해).

II. 이 날 대재부에서 아뢰기를, '지난 4월 12일에 신라국사(新羅國使) 판관(判官) 서선행(徐善行)과 녹사(錄事) 고흥선(高興善) 등 48인이 배 한 척을 타고 비후국(肥後國) 천초군(天草郡)에 도착하였습니다. 그 온 이유를 물으니, "지난 해에 표류하다가 마침 해안에 도착할 수 있었는데, 관에서 양곡(糧穀)을 지급해주어 고향에 돌아갈 수 있었습니다. 이제 어진 은혜에 보답하고자 국첩(國牒)과 신물(信物) 등을 가지고 래조(來朝)한 것입니다"라고 대답하였습니다. 이제 살펴보니 하례(賀禮)하고자 한다면서 첩(牒)과 신물(信物)은 모두 갖추었으나, 단지 집사성(執事省)의 첩(牒)만이 있을 뿐 국왕(國王)의 계(啓)는 없습니다. 그 첩도 상자에 들어 있지 않고 종이로 포장하여 그 제목은 "신라국(新羅國) 집사성(執事省)이 일본국(日本國)에 첩하여 올립니다"라는 것인데, 다섯군데에 도장을 찍어 놓았습니다. 삼가 이전의 일을 살피건대, 일이 옛 실상과 어긋나므로 이에 첩을 옮겨 적고 화물의 수를 기록하여 올립니다'라고 하였다(『일본삼대실록』 권47 광효천황 인화 원년 6월 20일 계유).

I 의 기록은 청화천황(淸和天皇) 정관(貞觀) 18년(876) 3월 9일에 대재권수(大宰權帥) 종3위(從3位) 재원조신행평(在原朝臣

行平)이 6국(國)에서 조운(漕運)하는 연량(年粮)을 폐지하고 일기도(壹岐島) 수전(水田) 100정(町)을 경영(經營)하여 대마도(對馬島) 연량(年粮)을 충당하도록 하는 것과 비전국(肥前國) 송포군(松浦郡) 비라(庇羅)와 치가(値嘉) 2향(鄕)을 합해 다시 2개 군을 재건(再建)하고, 그것을 각기 상근(上近), 하근(下近)이라고 부르며, 치가도(値嘉嶋)를 두는 것을 청원하는 내용이다. 첫 번째 청원에 대해서 일본 조정에서는 2년 동안 시범적으로 그렇게 운영하겠다고 조치하였고, 두 번째 청원에 대해서는 그대로 수용하겠다고 조치하였다.[61] 여기서 치가도는 현재 장기현(長崎縣) 오도열도(五島列島)를 가리킨다. 오도열도는 남북으로 길게 펼쳐져 있는데, 가장 북쪽 끝에 위치한 섬이 우구도(宇久島)이고, 그 밑에 소치하도(小値賀島)가 있으며, 그리고 북쪽과 남쪽 중간지대의 섬 지역을 중통도(中通島)라고 부른다. 가장 남쪽에 위치한 섬이 복강도(福江島)이다. 오도열도는 쿠로시오해류(黑潮海流)가 지나는 길목인데, 이것은 제주도 남쪽에서 갈라져서 한 쪽은 대마도로 흐르고, 다른 한 쪽은 제주 서쪽을 지나 한반도 서해안으로 흐른다.[62] 여기서 재원조신행평(在原朝臣行平)이 당과 신라에서 오는 사람들과 아울러 당에 들어가는 견당사(遣唐使)가 반드시 치가도(値嘉島)를 경유하였다고 언급한 내용이

61) 於是公卿奏議曰 臣聞 聖人濟世 以便物爲先 明王馭民 以制宜爲貴 今行平所請上件二條 漸欲省風浪運漕之費 存封疆任土之規 有以詳矣. 臣等伏以商量 營水田充年糧事 頗乖仍舊謀 合權宜 請試許二年 先明息耗. 合兩鄕号一嶋事 苟謂利公 豈期膠柱 請隨其所陳(『日本三代實錄』 권28 淸和天皇 貞觀 18년 3월 9일 丁亥).

62) 정성일, 앞의 논문, 2010, 68~69쪽.

주목을 끈다.

II의 기록은 광효천황(光孝天皇) 인화(仁和) 원년(885) 6월 20일에 신라의 집사성에서 파견한 사신단이 집사성첩(執事省牒)을 가지고 비후국 천초군에 이르렀음을 알려주는 내용이다. 일본 조정에서 비록 옛 실상과 다르다고 핑계를 대며, 공식적인 외교사절로 받아들이지 않고 돌려보냈지만, 그들이 집사성의 첩을 가지고 입국한 것으로 보아 신라에서 공식적으로 파견한 사신인 것만은 분명해 보인다. 여기서 비후국 천초군은 현재 웅본현(熊本縣) 천초군(天草郡)을 가리킨다. 그런데 신라에서 천초군에 이르기 위해서는 반드시 오도열도를 경유해야만 한다. 서선행 일행은 오도열도를 지나 비후국 천초군에 다다른 셈이다.

I 의 기록에 정관 11년(869)에 신라인이 치가도를 지나 공선(貢船)의 견면(絹綿) 등을 약탈하여 갔다는 내용이 보인다. 『일본삼대실록』 권16 청화천황(淸和天皇) 정관(貞觀) 11년(869) 6월 15일조에 신라 해적 두 척이 박다진(博多津)에 와서 풍전국(豊前國)의 견면(絹綿)을 약탈하여 도망갔다고 하였다. 신라 해적은 오도열도를 지나 박다만(博多灣)으로 나아갔다고 볼 수 있다. 그러면 신라 해적과 서선행 일행은 신라의 어느 곳에서 오도열도에 이르렀을까? 앞에서 제주도와 전남 해안 지역에서 오도열도를 연결하기가 용이하였음을 언급하였다. 『만기요람(萬機要覽)』 군정편(軍政編)4 해방(海防) 일본상통해로조(日本相通海路條)에 이항복(李恒福)이 조선 전기에 오도열도의 왜구(倭寇)들이 그곳에서 동남풍을 타고 삼도(三島, 거문도)로 와서 밤

을 지낸 다음, 선산도(仙山島, 완도군 청산면 청산도)를 지나 고금도(古今島, 완도군 고금면 고금도)와 가리포(加利浦, 완도군 완도읍 군내리)에 다다랐다고 언급한 내용이 전한다.[63] 조선 전기에 오도열도에서 출발한 왜구가 자주 동남풍을 타고 서북쪽으로 곧바로 항해하여 거문도에 이른 다음, 여기에서 청산도, 고금도를 거쳐 완도읍의 가리포(加利浦)까지 다다랐음을 알려준다. 마찬가지로 완도를 비롯한 전남 해안 지역에서 서북풍을 따라 오도열도로 항해하는 것도 용이하였을 텐데, 9세기대에 주로 서·남해안 지역에서 해적이 횡행하였음을 참조한다면,[64] 풍전국(豊前國)의 견면(絹綿)을 약탈한 신라 해적은 바로 전남 해안 지역에서 출발하여 오도열도를 지나 박다만(博多灣)에 이르렀을 가능성이 높다고 보인다.

주지하듯이 완도에 장보고의 청해진이 위치하였고, 그는 일본에 회역사(廻易使) 등을 파견하여 자체적으로 일본과 교역하였다.[65] 회역사 등은 바로 완도에서 거문도를 거쳐 오도열도에 이르는 항로를 이용하여 박다만 연안에 위치한 대재부에 이르렀을

---

63) 李恒福曰 庚寅 秀吉縛送五島賊倭之屢寇我邊者 復刷還我民被虜百餘口. …생략… 此島之倭 其入寇之路 自五島得東南風至三島經宿 過仙山島 直抵古今島 加利浦等處(『萬機要覽』 軍政編4 海防 日本相通海路).

64) 권덕영, 「신라 하대 서·남해역의 해적과 호족」, 『한국고대사연구』 41, 2005, 306~311쪽.

65) 『續日本後紀』 권10 仁明天皇 承和 8년(841) 2월조에 장보고가 보낸 상인들이 일본인과 교역을 하였다는 내용이, 권11 仁明天皇 承和 9년(842) 정월조에 841년에 廻易使 李忠, 揚原 등이 물건을 가지고 와서 교역하려고 한 사실이 전한다.

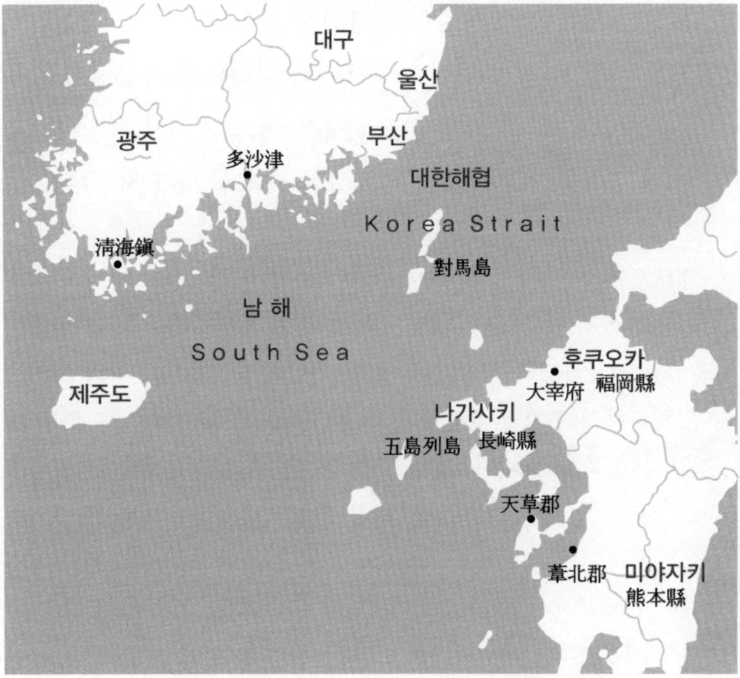

〈그림 16〉 청해진, 다사진, 오도열도, 천초군의 위치

것으로 추정된다. 더구나 재원조신행평(在原朝臣行平)이 대당과 신라에서 오는 사람들이 오도열도를 경유한다고 언급한 것으로 보건대, 회역사를 비롯한 장보고의 상단(商團)뿐만 아니라 다른 상인, 또는 여타의 신라인들이 오도열도를 경유하여 축자지역(筑紫地域)이나 장기현(長崎縣), 웅본현(熊本縣), 녹아도현(鹿兒島縣) 등에 이르렀다고 이해할 수 있다.

그러나 오도열도를 통하여 일본에 입국한 신라인들이 모두 완도를 비롯한 전남 해안 지역에서 출발하였다고 단정하기 어렵다. 서선행 일행은 집사성에서 파견한 신라국의 공식 사신단이었으므로 그들이 전남 해안 지역에서 출발하였을 가능성이 매우 낮기 때문이다. 그러면 서선행 일행은 어느 곳에서 출발하였을까? 이와 관련하여 다음의 두 자료를 주목할 필요가 있다.

> Ⅲ. 일은 모름지기 태정관(太政官)에 첩(牒)을 보내고, 아울러 함께 청주(菁州)에 첩을 보내어 사안을 헤아려 바다를 건너는 동안의 양식을 지급하도록 하고 본국으로 [기삼진(紀三津)을] 돌려 보내오니, 처분하여 주기를 청합니다. 서장(書狀)에서와 같이 판단하여 태정관에 첩문을 보내니, 청하건대 상세하게 살피십시오(『속일본후기』 권5 인명천황 승화 3년 12월 을未 정유).

> Ⅳ. 대재부에서 역마(驛馬)를 달려 말하기를, '신라인이 강주(康州)의 첩문(牒文) 2통을 가지고 본국(일본)의 표류인(漂流人) 50여 명을 압송하여 왔습니다'라고 하였다(『속일본후기』 권15 인명천황 승화 12년 12월 갑술 무인).

Ⅲ의 기록은 신라 집사성에서 승화(承和) 3년(836, 홍덕왕 11)에 태정관에 보낸 첩문의 일부로서 일본 사신 기삼진(紀三津)의 죄목을 열거하면서 그를 일본에 보내오니 형편에 따라 처분하여 주기를 바란다는 내용이 핵심이다. 그런데 여기서 집사성에서 청주에 첩문을 보내, 기삼진을 일본으로 송환(送還)하되, 일본으로 가는 도중에 필요한 식량을 지급하도록 조치하였음이 주목된다. Ⅳ의 기록은 승화 12년(845, 문성왕 7)에 신라에 표류한 일본인을 본국으로 송환할 때에 강주(청주)가 관여하였음을

알려준다. 청주(강주)가 신라에 오거나 표착한 일본인을 송환하는 일에 관여한 것에서 9세기 전반에 신라인이 청주에서 출발하여 일본에 이르는 항로를 이용하여 교류하였음을 유추할 수 있다.

청주(강주)의 포구 가운데 과거에 백제와 대가야가 서로 차지하려고 경쟁한 것이 바로 하동에 위치한 다사진(대사진)이다. 『일본서기』 권9 신공황후섭정 50년 여름 5월조에 왜가 백제에게 다사성(多沙城)을 내려주어 오고 가는 길의 역(驛)으로 삼도록 하였다고 전한다. 그리고 『일본서기』 권17 계체천황 23년 3월조에 백제왕이 가라(加羅)의 다사진(多沙津)을 조공(朝貢)하는 진로(津路)로 삼기를 청한다는 내용과 아울러 가라왕(대가야왕)이 다사진이 대가야가 조공하는 도진(渡津)이었다고 언급한 내용이 전한다. 각 기록에 대한 사료 비판이 필요하지만, 일단 그에 관한 사항을 차치한다면, 이들 자료를 통하여 섬진강 하구에 위치한 하동의 다사진이 대가야 및 백제에서 왜로 향하는 관문항으로서 기능하였음을 엿볼 수 있다.

통일신라시기에 청주(강주)에 다사진뿐만 아니라 고성군, 거제군에도 일본을 연결하는 관문항이 존재하였다고 보인다. 그러나 신라 하대에 일본인이 신라에서 오는 사람들이 오도열도를 경유하지 않음이 없다고 말한 사실을 주목하건대, 이곳을 연결하는 청주(菁州)의 관문항으로써 중요한 역할을 수행한 것은 하동의 다사진이었을 가능성이 높다. 반면에 대마도와 축자(筑紫)로 향하는 경우에는 주로 고성과 거제에 위치한 항구를 이용하였을 것이다. 885년에 오도열도를 지나 천초군에 이른 서선행 일행은 하동의 다사진에서 출발하였다고 봄이 합리적인데, 이를 근거로 9세기 전반 이래로 다사진과 오도열도를 연결하는 교통로를 이용하는 사람들이 크게 증가하였다고 추정하여도 별로 문제가 되지 않을 듯싶다.

이상에서 9세기 전반 이래 신라인들이 완도를 비롯한 전남 해안 지역이나 청주(菁州)에서 오도열도를 연결하는 항로를 널리 이용하였음을 살펴보았다. 장보고가 828년 청해진을 설치한 이후에 신라와 일본과의 교역이 활성화되면서 그 항로를 널리 이용하였을 것으로 짐작된다. 물론 당시에도 거제도와 낙동강 하구, 부산의 수영만에서 출발하여 대마도, 일기도를 거쳐 축자(筑紫)에 이르는 전통적인 교통로가 널리 이용되었고, 신라인들이 축전국 박다진, 축자대진, 대재부 해안 등에 이르렀다는 다양한 일본측의 기록을 통하여 이것을 입증할 수 있다. 이밖에 신라 상인 등이 장문국(長門國), 석견국(石見國), 단후국(丹後國) 등에 이르렀다고 전하는 기록도 발견된다.[66] 비록 하대에 이르러 신라인이 다양한 교통로를 통하여 일본에 입국하였지만, 그 가운데 9세기 전반에 새롭게 개척하여 널리 활용한 교통로가 바로 완도를 비롯한 전남 해안 지역 또는 청주(菁州)에서 오도열도를 연결하는 것이었다고 말할 수 있다.

---

66) 內藤雋輔, 「新羅人の海上活動について」, 『朝鮮史研究』, 東洋史研究會, 1961, 334~343쪽.

Ⅴ. 맺음말

이상 본문에서 역사적 전개에 따라 신라의 대왜 · 중국 교통로가 어떻게 변화되었는가를 살펴보았다. 이제 본문의 내용을 요약 정리하는 것으로서 맺음말에 대신하고자 한다.

상고기에 왜에 파견된 신라 사신은 주로 율포와 사포, 아진포 등에서 출발하여 부산의 수영만을 거쳐 대마도를 지나 축자(筑紫)에 이르고, 여기에서 뇌호내해를 항해하여 난파진(難波津)에 다다른 다음, 육로(陸路)를 통하여 아스카(飛鳥) 또는 나라(奈良)로 연결되는 교통로를 이용하였다. 이밖에 신라와 왜는 경주에서 언양을 거쳐 양산의 황산진(黃山津), 부산의 다대포(多大浦), 대마도(對馬島)와 축자(筑紫)를 연결하는 교통로를 이용하여 교류하였을 뿐만 아니라 제한적이긴 하지만 동해를 횡단하는 항로를 통하여 교류하기도 하였다. 3세기 후반에 신라(사로국)가 진한(辰韓)을 대표하여 서진에 사신을 파견하였는데, 당시 신라 사신은 죽령과 강원도 영서 지역, 대방군치(帶方郡治) 및 낙랑군치(樂浪郡治)를 연결하는 교통로 및 대동강 하구에서 산동반도를 잇는 서해 북부 연안항로를 이용하여 서진에 나아갔던 것으로 짐작된다.

6세기 중반 한강유역을 차지한 후에 신라는 서해를 통하여 직접 중국의 여러 왕조와 교류하였는데, 당시 신라의 관문항이 바로 당항진(당은포)이었다. 통일 이전에는 주로 상주에서 계립령을 넘어 충주, 여주, 이천, 당항진을 연결하는 교통로를 이용하다가 685년 서원소경을 설치한 후에 흔히 당은포로(당항진로)라고 불리는 교통로, 즉 상주에서 화령재를 넘어 청주, 천안시 직산면, 평택, 당항진을 연결하는 교통로를 널리 활용하였다. 한편 신라는 한동안 당항진에서 출발하여 고구려 영해를 거치는 서해 중부 횡단항로를 이용하다가 654년 무렵에 고구려의 방해를 받지 않고 중국 산동반도를 연결하는 새로운 항로를 개척하였는데, 그들은 이것을 신라도(新羅道)라고 불렀다.

통일 이후에 신라와 당은 주로 신라도를 비롯한 서해 중부 횡단항로와 북부 연안항로를 이용하여 교류하였고, 서해 남부 사단항로(斜斷航路)를 이용하는 경우는 매우 제한적이었다. 하대에 이르러 서해안에 해적이 횡행하여 중부 횡단항로와 북부 연안항로의 안전이 위협받고, 강남 지역의 개발로 남중국의 경제가 번성하면서 서해 남부 사단항로를 이용하는 사람들이 크게 증가하였는데, 이 결과 회진(會津)이 신라의 새로운 관문항으로 부각되었고, 강회(江淮) 연안지역에 신라인이 집락을 이루어 거주하기도 하였다. 하대에 서해 남부 사단항로를 이용하는 사례가 증가하였지만, 그러나 당시에도 여전히 중부 횡단항로를 이용하여 입당(入唐)하는 것을 선호하였고, 실제로 그러한 사례가 적지 않게 발견되고 있다. 한편 8세기 말부터 신라와 일본 사이의 국가간 공식적인 외교관계가 단절되고 상인(商人)을 비롯한 일반인의 왕래가 증가하면서 완도를 비롯한 전남 해안 및 청주에서 오도열도를 직접 연결하는 교통로를 새롭게 개척하여 널리 활용하였음이 확인된다.

이상이 본문에서 살핀 내용의 요지이다. 향후 고구려·백제·가야와 왜 및 중국의 여러 왕조를 연결하는 교통로에 대한 연구가 진전된다면, 고대 대외교통로에 대한 종합적인 이해가 가능해지리라고 기대되며, 본고가 향후 이에 대한 연구와 이해를 진전시키는 초석이 되었으면 하는 바람이다.*

* 이 논문은 「신라의 대중·일 교통로와 그 변천」(『역사와 담론』 65, 2013)을 그대로 전재한 것임.

〈참고문헌〉

강봉룡, 「고대 한·중항로와 흑산도」, 『동아시아고대학』 20, 동아시아고대학회, 2009.

고석규 등, 『장보고시대의 포구조사』, 재단법인 해상왕장보고기념사업회, 2005.

권덕영, 『고대한중외교사-견당사연구-』, 일조각, 1997.

권덕영, 「신라 하대 서·남해역의 해적과 호족」, 『한국고대사연구』 41, 한국고대사학회, 2005.

今西龍, 「慈覺大師入唐求法巡禮行記を讀みて」, 『新羅史研究』, 1932 : 『新羅史研究』, 國書刊行會, 1970.

김문경 등, 『8~10세기 신라무역선단과 강남』, 재단법인 해상왕장보고기념사업회, 2007.

김은숙, 「8세기의 신라와 일본의 관계」, 『국사관논총』 29, 국사편찬위원회, 1991.

內藤雋輔, 「新羅人の海上活動について」, 『朝鮮史研究』, 東洋史研究會, 1961.

內藤雋輔, 「朝鮮支那間の航路及び其の推移に就いて」, 『朝鮮史研究』, 東洋史研究會, 1961.

박찬홍, 「후삼국시기 육상·해상 네트워크의 변화와 재편」, 『장보고와 한국 해양네트워크의 역사』, 재단법인 해상왕장보고기념사업회, 2006.

서영일, 『신라육상교통로연구』, 학연문화사, 1999.

신성곤, 「당송변혁기론」, 『강좌 중국사』 III, 지식산업사, 1989.

신형식, 「한국 고대의 서해교섭사」, 『국사관논총』 2, 국사편찬위원회, 1989.

심재연, 「한성백제기 북한강 중상류지역의 양상에 대하여」, 『호서고고학보』 14, 호서고고학회, 2006.

예맥문화재연구원, 「화천 원천리 2지구 유물 산포지내 유적 발굴조사 2차 지도위원회 자료」, 2010.

예맥문화재연구원, 「화천 원천리 2지구 유물 산포지내 유적 발굴조사 3차 지도위원회 자료」, 2010.

윤재운, 『한국 고대무역사 연구』, 경인문화사, 2006.

李成市, 『東アジアの王權と交易-正倉院の寶物が來たもうひとつの道-』, 平木書店, 1997.

전덕재, 「신라 하대 진의 설치와 성격」, 『군사』 37, 군사편찬연구소, 1997.

전덕재, 「신라 중고기 주의 성격 변화와 군주」, 『역사와 현실』 40, 한국역사연구회, 2001.

정성일, 「표류·표착의 지역적 특성과 그 현재적 의의」, 『조선시대한일표류민연구』, 국학자료원, 2001.

정성일, 「교류의 경로와 풍경-일본 고토렛토(五島列島)를 중심으로-」, 『도서문화』 67, 목포대 도서문화연구원, 2010.

정진술, 『한국해양사』(고대편), 경인문화사, 2009.

화성시사편찬위원회, 『華城市史II』(충·효·예의 고장 坤-문화재·민속·지명유래), 2005.

제 3 장

고려사절에 대한 북송정부의 예우

- 신종대 고려사절의 사행여정과 관련하여 -

김영제*

Ⅰ. 머리말

고려는 북송초기부터 북송말까지 53차례 가량 사절단을 송(宋)에 파견하였다.[1] 고려사절의 사행로(使行路)를 살펴보면, 처음에는 산동반도의 등주(登州)로 가서, 거기서 육로를 통해 송의 수도인 개봉(開封)으로 갔다. 그리고 신종조(神宗朝) 이후에는 남중국 명주(明州)로 가서, 거기서 운하를 따라 개봉까지 갔다.[2] 그런데 사료를 보면 북송정부는 고려사절에게 대해서 상당

* 단국대학교 역사학과 교수

1) 金渭顯, 『高麗時代 對外關係史 硏究』, 景仁文化社, 2004, 306쪽. 한편 楊渭生은 北宋 太祖부터 南宋 孝宗까지 203년간 67차례 高麗가 宋에 使節을 파견했다고 한다. 同, 『宋麗關係史硏究』, 杭州大學出版社, 1997, 150쪽.

한 예우를 하고 있다. 특히 고려와 다시 외교관계를 맺은 신종(神宗) 황제 때에는 송에 왔던 고려사절에 대해 각별히 예우를 했다.

사마광(司馬光)이 『자치통감(資治通鑑)』을 저술할 때 협력했던 유지(劉摯)란 사람은 신종 황제가 고려사절에 대해 베푼 예우에 대해서 다음과 같이 적고 있다.

> 유지가 기록한 「고려국본말(高麗國本末)」에서 말하기를, …(고려가) 입조(入朝)해 오자, 조정의 예우와 사예[賜豫(回賜)]의 액수는 매우 특별했다. (황제는) 고려사(高麗使)의 시(詩)에 화답하는 운자(韻字)에 이르기까지, 은혜롭고 두터운 성지(聖旨)를 친히 내렸으며, (또한 사절이) 동문관(同文館, 송의 수도 개봉에 있는 고려사절의 숙소)에만 있지 말고 나가 구경 다니도록 권했으며, 금원[禁苑, 황궁의 어원(御苑)]의 진귀한 물건을 (동문관에) 많이 내리기도 했다. 연로(沿路)에서의 대접도 매우 화려하고 성대히 했고, 이로 인해 양절(兩浙)과 회남(淮南)의 주군(州郡)이 소연(騷然)하기도 했다. (고려사절이) 주현(州縣)이나 진채(鎭砦)에 이를 때마다, 미리 여러 장사치들을 동원하여, 각자 물건을 지고, 경계에까지 나가 맞이하도록 했으며, 하루 종일 따라다니도록 하여, (사절이) 물건을 살 것에 대비하도록 했고, 경계를 벗어나면 그제야 그만두게 했다. 그리고 말안장이나 물건들도 화려하고 예쁜 것을 썼고, 관청으로부터 명령을 받은 집은 곧바로 아름다운 그림을 만들었으며, 혹은 사방에 구하러 다니기도 했다. (이로 인해) 많은 사람들이 실업을 했

---

2) 李錫炫, 「北宋代 使行 旅程 行路考-宋 入境以後를 中心으로-」, 『東洋史學硏究』 114, 2011.

고, 도망하거나 숨는 자들도 있었으며, 혹은 죽은 사람까지도 있었다. 그렇지만 조정의 성지(聖旨)가 매우 엄격하였으니, (사절을 맞이하는) 인반(引伴)까지 모두 중인(中人, 내시)을 썼던 것이, 그러한 사정을 보여준다.[3)]

이를 보면 신종이 송에 왔던 고려사절에 대해 직접 나서서 세심하고도 정성스런 예우를 했고, 그로 인해 적지 않은 폐해도 있었다고 적고 있다. 이 인용문을 통하여 북송 신종 황제가 고려사절에 대해, 그들이 중국에 도착한 시점부터 다시 중국을 떠날 때까지, 각별히 예우했던 사실을 엿볼 수 있다.

한편 위 인용문에서도 고려사절에 대한 지나친 예우로 인해 부정적인 측면이 있었다고 적고 있는데, 실제로 철종조(哲宗朝)에 구법당(舊法黨) 정부가 들어선 뒤, 송 조정에서는 고려사절에 대한 예우를 둘러싸고 적지 않은 논란이 있기도 하였다. 그런데 정작 신종 황제가 고려사절에 대해 구체적으로 어떠한 예우를 했고, 그 뒤 구법당 정부가 들어섰을 때 그 예우가 어떻게 달라졌는가에 대해서는 그다지 알려져 있지 않다. 또한 고려사절에 대한 예우는 후세의 중국왕조에게도 영향을 미쳤던 것으로 보인

---

3) 『續資治通鑑長編』(中華書局, 標點本) 卷452, 元祐五年, 十二月, 乙未, “劉摯敍高麗國本末云, …已而入朝奉貢, 朝廷待遇之禮·賜豫之數, 皆非常等, 恩旨親渥, 至于次韻和其詩, 在館問勞無虛日, 多出禁苑珍異賜之, 沿路供頓, 極于華盛, 兩浙·淮南州郡爲之騷然, 每至州縣或鎭砦, 皆豫差諸色行戶, 各以其物齎負, 迎于界首, 日隨之, 以待其所賣買, 出境乃已, 及鞍馬什物等皆用鮮美者, 被科之家旋作繡畫, 或求于四方, 人多失業, 至于逃遁, 或有就死者, 蓋朝旨嚴切, 而引伴皆用中人, 是以如此.”

다. 그래서 이 논문에서는 먼저 고려사절의 사행여정을 살펴보고, 그 과정에서 신종이 베풀었던 예우를 복원해 보고자 한다. 나아가 송을 비롯해 이후의 중국왕조가 우리나라 사절을 예우한 목적에 대해서도 간단히 살펴봄으로써, 고려사절에 대한 북송 신종의 예우를 평가해 보고자 한다.

II. 고려사절의 공기와 사행 여정

1. 고려사절의 '공기'와 '공도'

북송대 대표적인 고려 비판론자로 알려져 있는 소식(蘇軾)은 다음과 같이 말하고 있다.

> 신이 엎드려 살피건대, 희령연간 이후 고려인이 자주 조공해 들어와, 원풍연간 말에 이르기까지 16-17년 동안, 관대(館待)와 사예(賜豫)로 쓴 비용이 이루 셀 수 없었습니다.[4]

여기서 소식은 고려사절이 16~17년 동안 너무 자주 입공(入貢)해 와서 '관대'와 '사예'로 지출한 경비가 너무 많다고 하고 있다. 그런데 이 소식의 주장을 어떻게 받아들이느냐에 앞서, 당시

---

4) 『蘇軾文集』(中華書局, 標點本) 卷30, 奏議, 論高麗進奉狀, "臣伏見熙寧以來, 高麗人屢入朝貢, 至元豊之末, 十六七年間, 館待賜豫之費, 不可勝數."

송이 고려에게 적용하였던 '공기(貢期)'를 살필 필요가 있다. 중국의 책봉체제(冊封體制)는 황제의 덕화(德化)로 인해 주변국이 중국을 사모해 스스로 입공한다는 이상을 가지고 있었다. 그래서 중국은 조공국을 배려하는 차원에서, 적어도 몇 년마다 한 차례씩 입공하도록 하는 회수, 곧 '공기'를 설정하고 있었는데, 송도 그러했던 흔적을 보이고 있다.[5)]

고려는 송이 성립하자마자 곧바로 입공을 했다. 그러나 고려가 거란(거란)의 침공을 받은 후에, 고려가 요청한 군사원조를 송측이 거절하자, 고려는 그것을 중단하였다.[6)] 그러다가 북송 신종의 즉위와 더불어 고려는 다시 입공을 하기에 이르렀다.

북송 신종이 즉위하여 사망할 때까지, 고려는 희령 4년[1071: 김제(金悌)], 희녕 6년[1073, 김양감(金良鑑)], 희녕 9년[1076: 최사량(崔思諒)], 원풍 2년[1079: 류홍(柳洪)], 원풍 4년[1081: 최사제(崔思齊)], 원풍 8년[1085: 김상기(金上琦)], 등 모두 6차례 사절을 파견하였다.[7)] 또 신종대 지명주(知明州)를 역임했던 증공(曾鞏)은 고려가 5년에 세 번 온다고 하고 있는데,[8)] 이렇게 보면 3년마다 고려가 사절을 파견한 셈으로, 보기에 따라 이를 많

5) 宋代의 경우 外國使節에 대해 적용하는 貢期에 대한 기록이 매우 적다. 한 가지 예를 들면, 元豊令에 따라 西南의 五姓蕃에 대해 '五年一貢'을 적용했다는 기록이 있다. 『宋史』 卷119, 禮志, 二十二, 諸國朝貢, "禮部言, 元豊著令, 西南五姓蕃, 每五年許一貢," 따라서 남아 있는 기록은 적지만 貢期가 존재했던 것만은 분명하다.

6) 金渭顯, 『高麗時代 對外關係史 硏究』, 제2부 宋과의 關係, 제1장 麗·宋關係와 그 航路考, 178쪽.

7) 『高麗史』 참조. 楊渭生, 『宋麗關係史硏究』, 208-210쪽.

8) 『曾鞏集』(中華書局, 標點本) 卷35, 明州擬辭高麗送遺狀, "…五歲三至,"

다고 하면 많을 수도 있다. 그러나 이에 대해서는 다음의 사료를 참고할 필요가 있다.

> 일찍이 거란은 고려가 송에 입공하는 것에 대해 힐책을 했다. 이에 고려가 거란에 표(表)를 올려 이해해 줄 것을 요청했다. 그 내용을 간단히 말하면, "중국은 3년에 한 번 입공을 요구하는데, 큰 나라(거란)는 1년에 여섯 번이나 입공을 요구하고 있습니다."고 했다. 이에 거란이 (상황을) 깨닫고 그것을 면하게 했다.[9)]

위의 인용문을 참고하면, 송이 고려에 대해 적용한 공기는 '삼년일공(三年一貢)'이었음을 확인할 수 있다. 그리고 위에서 본 것처럼 희령과 원풍년간 동안 고려사절은 대략 3년마다 사절을 파견하고 있다. 따라서 고려는 송측이 설정한 3년에 한 번이라는 공기에 따라 사절을 파견하고 있었다. 한편 북송이 멸망하기 직전, 휘종(徽宗)의 정화연간(1111-1117)에는 고려사절이 매년 송에 왔다고 한다.[10)] 그러므로 이때 송조는 고려에게 '일년일공(一年一貢)'을 적용한 것으로 보인다. 그리고 이 당시 송은 고려사(高麗使)를 국신사(國信使)로 승격시키고, 예우를 서하(西夏)보다 위에 두기도 했다.[11)] 따라서 위의 인용문에서 소식이 말하

9) 『宋史』(中華書局, 標點本), 高麗傳, "嘗詰西向修貢事, 高麗表謝, 其略曰, 中國, 三甲子方得一朝, 大邦, 一周天每修六貢, 거란悟, 乃得免."

10) 『宋史』, 高麗傳, "欽宗立, 賀使至明州, 御史胡舜陟言, 高麗靡敝國家五十年, 政和以來, 人使歲至, 淮浙之間苦之," 실제로 高麗使節은 政和3년, 政和4년, 政和5년, 政和7년, 政和8년에 입공하고 있다. 楊渭生, 앞의 책, 214-215쪽.

11) 『宋史』 高麗傳, "政和中, 升其使爲國信, 禮在西夏上."

〈그림 1〉 고려 사절이 송에 상륙했던 절강성 영파(소대의 명주)의 삼강하구

는 바는 자기네 조정에게 이 공기를 다시 조정하라는 요구로 받아들여진다.

송조가 주변의 입공국에게 '공기'를 적용하고 있었던 것과 마찬가지로, 송조는 입공사절이 중국에 들어올 때 사용하는 길, 곧 '입공도(入貢道)' 또는 '공도(貢道)'도 정하고 있었다. 그에 따라 외국사절은 어떤 특별한 경우를 제외하고는 이를 경유해 수도로 가야만 했다.

고려사절의 공도를 보면, 초기에는 산동반도 북안에 있는 등주항을 이용하였다. 그러므로 예성항에서 등주항으로, 거기서 다시 육로로 가는 길이 최초의 공도였던 것이다. 그리고 고려 문종(文宗)이 송에 대해 다시 입공을 하기로 결정한 뒤, 고려에서는 김제(金悌)를 등주로 보냈으나,[12] 그는 통주(通州) 해문현

(海門縣)으로 상륙하고 있는데,[13] 이는 특별한 경우에 해당한다. 이어서 문종이 두 번째로 파견한 고려사 김양감(金良鑑)은 거란을 멀리하기 위해 등주항을 이용하지 않고 명주항(明州港)을 통해 입공하겠다고 송에 요청하여, 이를 허락받았다.[14] 따라서 두 번째 공도는 명주항을 통하는 길이었다.

2. 사행 여정에 걸린 시간

다음으로는 고려의 외교사절이 고려와 송 사이를 왕복했던 일정에 대해서 검토해 보기로 하겠다. 이에 대해서는 고려사 이자의(李資義)의 경우가 사료에 비교적 상세하게 남아 있다. 고려 선종(宣宗) 7년[1090: 원우(元祐) 5년] 7월 계미(癸未, 20일)에 고려왕은 호부상서(戶部尙書) 이자의를 송에 파견하였다.[15] 이 이자의는 8월 10일에 명주에 도착하고 있다.[16] 그리고 12월 을

---

12) 『高麗史』 卷8, 文宗2, 文宗二十五年, 三月, 庚寅, "遣民官侍郎金悌奉表禮物如宋, …至是遣悌由登州."

13) 『續資治通鑑長編』 卷223, 熙寧四年, 五月, 丙午, "通州言高麗使民官侍郎金悌等入貢至海門縣."

14) 『續資治通鑑長編』 卷247, 熙寧六年, 冬十月, 壬辰. 『宋會要輯稿』, 蕃夷7-33, 熙寧七年, 正月, 二十六日. 『宋史』 高麗傳, "往時高麗人往反, 皆自登州, 七年遣其臣金良鑑來言, 欲遠거란, 乞改途由明州詣闕, 從之."

15) 『高麗史』 卷10, 世家, 宣宗七年, 七月, 癸未. 여기서 날짜는 『高麗史』의 경우는 金渭顯, 『高麗史中 中韓關係史料彙編』, 上下(臺灣, 食貨出版社, 1981). 그리고 중국사료의 경우는 楊渭生, 『宋麗關係史研究』, 참조. 그리고 두 쪽 다 陳垣 編, 董作賓 增補, 『增補二十二史朔閏表』(臺灣, 藝文印書館)을 참조하여 재확인하였음. 이하 날짜는 모두 이와 같음.

미(5일)에 고려가 삼불제(三佛齊)와 함께 사절을 보내 입공했다고 하므로, 이때 이자의는 황제 앞에서 입공의식을 치른 것으로 판단된다.[17] 나아가 이듬해 2월 정유(8일)에 송 황제는 고려의 진공(進貢)에 대해서 회사품(回賜品)을 내리고 있으므로,[18] 이때 이자의는 송별의식을 마치고 곧 개봉을 떠난 것으로 판단된다. 마지막으로 이자의는 선종 8년(1091) 6월 병오(18일)에 고려에 귀환하고 있다.[19] 이를 표로 정리하면 다음과 같다.

1090년 7월 20일	고려 예성항 출발
8월 10일	송 명주항 입항
12월 5일	송 개봉에서 입공의식[조견(朝見)]
1091년 2월 8일	송 개봉에서 송별의식[조사(朝辭)]
6월 18일	고려 예성항 도착

다음으로 명주에서 개봉까지 걸린 시간인데, 이에 대해서는 송 철종의 원우 5년(1090) 이자의가 입송했을 때, 송측은 지항주(知杭州) 소식(蘇軾)과 어사중승(御史中丞) 소철(蘇轍)의 요청으로 경비를 대폭 삭감하고, 사절이 이동하는 일정도 새로 조정

16) 『蘇軾文集』 卷31, 奏議, 乞禁商旅過外國狀, "近又於今月(元祐五年八月)初十日, 據轉運司牒, 准明州申報, 高麗人使李資義等二百六十九人, 相次到州, …"

17) 『續資治通鑑長編』卷452, 元祐五年, 十二月, 乙未, "高麗國 · 三佛齊國遣使入貢."

18) 『續資治通鑑長編』 卷455, 元祐六年, 二月, 丁酉, "詔高麗進貢, 特賜銀器五千兩."

19) 『高麗史』 卷10, 世家, 宣宗八年, 六月, 丙午.

〈그림 2〉 강소성 양주의 고려관 유적비

했으며, 그에 따라 입계(入界)에서 궐하(闕下)까지 2개월이 채 걸리지 않았고, 지방에서의 경비도 6-7할을 삭감했다고 한다.[20)]

참고로 송대 양세(兩稅) 상공미(上供米)를 항주에서 개봉까지 운하를 이용해 보낼 경우 55日이 걸렸다.[21)] 또 태주(台州) 국청사(國清寺)에 머물던 성심(成尋)이 신종(神宗)의 부름에 응하여 개봉까지 갔을 때 65일이 걸렸다.[22)] 이들 사실을 감안하면 이자의가 명주에서 개봉까지 가는 데 2개월이 채 걸리지 않았다는

---

20) 『續資治通鑑長編』 卷452, 元祐五年, 十二月, 乙未, "劉摯敍高麗國本末云 , …自元豊八年使者回, 到今復至, 朝廷用知杭州蘇軾及御史中丞蘇轍之請, 痛加裁省, 及定其程限, 自入界不兩月到闕下, 問引伴官向綷 · 趙希魯, 言沿路擾費十去六七矣."

21) 金榮濟, 「宋代 兩稅의 運送-東南 上供米의 運送과 運送費를 中心으로-」, 『東洋史學研究』 101, 2007.

22) 『參天臺五臺山記』 卷4, 十月 十一日 條, "出國清寺, 六十五日至洛城."

〈그림 3〉 강소성 양주의 고려관 유적에서 복원된 고려정

것은 신빙성이 있다.

원풍 원년(元豊元年, 1078) 신종은 고려사부가 지방에서 이동할 때, 요(遼)나라 사신과 같은 예우를 하라고 명했다.[23] 그래서 고려사절이 명주에서 운하를 따라 개봉으로 상경할 때나, 개봉에서 다시 명주까지 하경할 때, 각 지역에서는 요나라 사절이 왔을 때와 마찬가지로, 지주(知州)와 통판(通判)이 나와서 위로 차원의 환영과 환송회인 '연로(燕勞)'를 가졌다.[24] 이 연로에서는 배우를 동원한 무대공연도 펼쳐졌던 것을 보면,[25] 상당히 호사

---

23)『續資治通鑑長編』卷288, 元豊元年, 三月, 乙亥, "詔奉使高麗使副所過州郡, 迎勞竝視使遼例."

24) 聶崇岐,「宋遼交聘考」,『宋史叢考』下, 中華書局, 1980.

25)『遼史』卷88, 列傳16, 耶律合里只, "重熙中, …充宋國生辰使, 館于白溝驛, 宋燕勞, 優者嘲蕭惠河西之敗, …"

〈그림 4〉 고려사절이 지나갔던 양주 부근의 운하

스러웠던 것 같다. 그런데 소식과 소철의 주장으로 인해 이자의가 입공할 때는 경비의 6-7할이 삭감되었다. 그러므로 지방관이 주최하는 '연로'가 대폭 줄어들었음을 추정할 수 있고, 그에 따라 이동하는 시간도 빨라졌을 것으로 해석할 수 있다. 그 결과 상경하는 시간도 2개월이 채 걸리지 않았던 것이다. 따라서 원우 5년 이전에 왔던 고려사절은 지방에서의 '연로'로 인하여 상경하는 일정도 좀 더 걸렸던 것으로 판단된다.

아무튼 이자의의 경우는 10월 초순에 개봉에 도착하여 있다가, 12월 8일에 궁전에서 삼불제의 사절과 함께 입공의식인 '조견(朝見)'을 치렀고, 이듬해 2월 8일에 회사품을 받는 '조사(朝辭)'를 치렀으므로, 개봉에서 적어도 4개월 이상을 체류한 뒤에, 귀로에 올랐을 것으로 판단된다.[26] 그래서 다음에는 개봉에서

〈그림 5〉 고려사절이 지나갔던 운하인 변하

명주까지 하경할 때 걸린 시간을 검토해 보도록 하겠다.

서긍(徐兢)에 따르면, 그는 3월14일에 개봉에서 '변하(汴河)'를 타고 내려가, 5월 3일에 명주에 도착하고 있다.[27] 그래서 개봉에서 명주까지는 대략 1개월 19일이 걸렸음을 알 수 있다. 상경할 때보다 하경할 때에 시간이 적게 걸린 것은 '변하' 물길의 흐름과 관련이 있다. '변하'는 개봉에서 사주(泗州) 사이의 운하인데 황하(黃河)의 지류로서 급류였다. 이 때문에 사주에서 개

26) 外國使節이 開封에서 황제를 처음 배알하는 것을 '朝見'이라 하며, 돌아갈 때 치르는 의례를 朝辭라 한다. 朝見 때에 외국사절은 進奉物을 皇帝에게 바치고 약간의 禮物을 받았으며, 朝辭 때에 皇帝로부터 回賜品과 더불어 使節에게도 각종 예물이 주어졌다. 聶崇岐, 앞의 책, 「宋遼交聘考」 참조.

27) 『宣和奉使高麗圖經』 卷34, 招寶山, "三月十四日丁卯, …是日解舟出汴, 夏五月三日乙卯, 舟次四明."

봉으로 상경해 갈 때는 물살을 거슬러 올라가야 했고, 반대의 경우는 물살을 타고 내려올 수 있었다. 양세 운송의 경우를 보면 사주→개봉의 변하소류(汴河泝流)는 1일에 30리, 반대로 개봉→사주의 경우는 황하 연류(沿流)로서 1일에 150리를 갈 수 있었다.[28] 즉 이동하는 시간에 5배 가량 차이가 났다. 바로 이 같은 이유로 하경할 때는 상경할 때보다 시간이 단축되는 것이다.

다음으로 명주에서 고려 예성항으로 귀국하는 일정을 살펴보겠다. 대각국사(大覺國師) 의천(義天)은 원풍 8년에 입송했던 고려사 김상기(金上琦)와 함께, 철종의 원우 원년(1085) 5월 19일에 명주를 출발하여 6월 18일에 예성항에 도착하고 있다.[29] 그러므로 돌아오는데 약 1개월이 걸렸다. 송측 사료에 따르면 명주 정해현(定海縣)에서 편풍(便風)을 만나면 3일째에 입양(入洋), 다시 5일째에 묵산[墨山, 흑산(黑山)], 다시 7일째에 예성항에 닿는다고 하는데,[30] 이 경우 15일 가량이면 예성항에 닿았다. 그렇지만 이자의가 예성항에서 명주로 갈 때에 20日, 의천의 경우 돌아올 때 1개월, 등을 감안하면, 여러 변수로 인해 항해 기간이 일정하지 않았던 것을 보여준다.

그런데 이자의의 경우 7월 20일에 예성항을 출발했고, 이듬해 6월 18일에 고려로 다시 돌아왔다. 그래서 송으로 갔다가 되돌

---

28) 金榮濟, 「宋代 兩稅의 運送-東南 上供米의 運送과 運送費를 中心으로-」.

29) 崔柄憲, 「大覺國師 義天의 渡宋活動과 高麗·宋의 佛教交流--晋水淨源·慧因寺와의 관계를 중심으로--」, 『震檀學報』 71, 1991.

30) 『宋史』, 高麗傳, "自明州定海遇便風, 三日入洋, 又五日抵墨山, 入其境, 自墨山過島嶼, 詰曲嶕石間, 舟行甚駛, 七日至禮成江."

〈그림 6〉 고려사절이 지나갔던 회안의 운하

아오는데 약 11개월이 걸렸다. 고려 숙종(肅宗) 3년(1098: 北宋 철종 원부원년) 7월 13일에 파견된 윤관(尹瓘)의 경우도 이듬해 6월 12일에 돌아오고 있어,[31] 약 11개월이 걸렸음을 확인할 수 있다. 또 예종(睿宗) 11년(1116: 휘종 정화 6년) 7월 18일에 파견된 이자량(李資諒)의 경우 이듬해 5월 30일에 돌아오고 있어, 11개월에 조금 못 미치지만 대략 11개월이라 보아도 무방할 것이다.[32] 이 세 가지 사례를 보면 고려사절은 공통적으로 7월에 예성항을 출발하여 이듬해 5월말이나 6월경에 돌아오고 있고, 11개월 가량의 시간을 소비하고 있다.

---

31)『高麗史』卷11, 世家, 肅宗三年, 七月, 己未. 肅宗四年, 六月, 癸未.
32)『高麗史』卷14, 世家, 睿宗十一年, 七月, 己酉. 睿宗十二年, 五月, 丁巳.

여기서 당시 범선의 항해 여건을 감안하면, 고려사절은 해상과 운하 위에서 상당시간을 소비했을 것으로 추정해 볼 수 있다. 보다 정확히 말하면 고려사절은 11개월 가운데 5개월 이상(이자의와 서긍의 경우, 운하 왕복 약 3개월 20일, 이자의와 김상기의 경우 해상 왕복 약 1개월 20일, 총 5개월 10일)을 선상에서 보냈을 것으로 추정할 수 있다. 따라서 11개월이라는 왕복 사행 길은 그 반 가량을 선상에서 보내는 고된 여정이었다고 하겠다.

Ⅲ. 고려사절에 대한 북송정부의 예우

1. 상경 인원

송 신종은 고려사절을 맞이하기 위해 명주에 고려공사관(高麗貢使館)으로 '악빈(樂賓)', 명주 정해현에 '항제(航濟)'라는 고려정(高麗亭)을 세웠다.[33] 그리고 상경하는 고려사절의 숙박과 휴식을 위해 연로 각지에도 고려관(高麗館)이나 고려정(高麗亭)을 세웠다. 송조는 거란의 사절[국신사(國信使)]이 오면 국경에서부터 수도까지는 접반사부(接伴使副), 개봉에서는 관반사부(館伴使副), 돌아가는 길에는 접송사부(接送使副)를 임명해 동행하게 하였다.[34]

33) 『續資治通鑑長編』 卷298, 元豊二年, 五月, 辛卯.

앞서 유지의 「고려국본말」에서 보았듯이, 신종대에는 고려사절에 대해서 처음에 '인반(引伴)'을 파견해 맞이하도록 했다. 그러다 나중에 국신사로 승격된 뒤에는 거란과 마찬가지로 '접반(接伴)'을 임명했을 것으로 판단된다. 그래서 처음에는 인반이 명주에서 개봉까지 고려사절과 동행하며 상경하였다.

그런데 외국사절이 송에 입공해 왔을 경우, 그들 전부가 황제를 만나러 수도에 상경하는 것은 아니었다.

> 대중상부(大中祥符) 9년(1016), 7월 7일, 비서소감(秘書少監) 지광주(知廣州) 진세경(陳世卿)이 말하기를, "광주(廣州)에 오는 해외번국(海外蕃國)의 입공방물(入貢方物)은 지금부터 코뿔소 뿔이나 진주, 특별한 향료나 보물 등은 궁궐에 가지고 갈 수 있게 하고, 그 나머지 운반하기 무거운 것들은 주(州)의 창고에 들이고, 그 가격만을 신고하도록 하며, 진봉물이 아닌 경우는 모두 상세를 징수하기 바랍니다. 각 나라의 정사(正使)와 부사(副使), 판관(判官)은 각각 1인으로 하고, 그 방수관(防授官)의 경우, 대식(大食), 주연(注輦), 삼불제(三佛齊), 도파(闍婆) 등과 같은 나라는 20인을 초과하지 않도록 하고, 점성(占城), 단류미(丹流眉), 발니(渤泥), 고라(古邏), 마가(摩迦) 등의 나라는 10인을 초과하지 않도록 하며, 아울러 왕래할 때 필요한 식량을 제공하도록 하고, (만약) 광주(廣州)의 번객(蕃客)이 (방수관)을 사칭해 대신하면 죄를 주도록 하십시오. 또 사여(賜與)로 얻은 것을 가지고 잡물을 살 경우, 상세 징수를 면제하나, 그 나머지 개인 물품에 대해서는 그와 같이 하지 않도록 하십시오."라고 하였고, 이에 따랐다.[35)]

---

34) 聶崇岐, 「宋遼交聘考」.

위의 인용문을 보면 대식이나 점성국과 같은 나라의 사절에 대해서는 상경하는 인원수(방수관: 불명)를 각각 20인과 10인 이내로 제한하고 있다. 아마도 이런 나라들은 송조에 조공을 가장하여 무역하러 오는 경우가 많았기 때문에 그렇게 조치한 것이라 해석된다.

고려사절의 인원수에 대한 기록은 일부가 남아 있다. 먼저 등주항을 이용할 때를 보면, 대중상부 7년(1014)에 윤증고(尹證古)와 여진장군(女眞將軍) 탑심견(塔沁堅) 등 78인이 왔다고 하며,[36] 천희 5년(1021)에는 한조(韓祚) 등 170인이 왔다고 한다.[37] 그리고 천성 8년(1030)에 인종황제는 고려사절 293인을 장춘전(長春殿)에서 접견했다고 한다.[38]

그리고 희령 3년(1070) 국교 재개 이후 처음으로 입송했던 김제 일행은 모두 110인이었으며,[39] 원풍 2년(1079) 류홍(柳洪)이

35) 『宋會要輯稿』, 蕃夷7-20, 歷代朝貢, “(大中祥符九年)七月七日, 秘書少監知廣州陳世卿言, 海外蕃國貢方物至廣州者, 自今犀珠貝揀香異寶, 聽賫持赴闕, 其餘輦載重物, 望令悉納州帑, 估價聞奏, 非貢奉物, 悉收稅算, 每國使副判官各一人, 其防授官, 大食·注輦·三佛齊·闍婆等國勿過二十人, 占城·丹流·眉渤泥·古邏·摩迦等國勿過十人, 竝來往給券料, 廣州蕃客有冒代者罪之, 緣賜與所得貿市雜物, 則免稅算, 自餘私物不在此例, 從之.”

36) 『續資治通鑑長編』 卷83, 大中祥符七年, 十二月, 丁卯, “權知高麗國事王詢遣奏告使尹證古及女眞將軍塔沁堅已下凡七十八人以方物來貢, …”

37) 『續資治通鑑長編』 卷97, 天禧五年, 九月, 甲午, “權知高麗國王事王詢遣告奏使御事禮部侍郎韓祚等百七十人來謝恩, …”

38) 『宋史』, 高麗傳, “…遣御史民官侍郎元穎等二百九十三人奉表入見於長春殿, …遣使護送至登州.”

39) 『宋史』 高麗傳, “(熙寧三年)徽遂遣民官侍郎金悌等百十人來.”

정사로 왔을 때, 신종황제는 함께 입송한 사절 121인을 수공전(垂拱殿)에서 접견하고, 차등하여 회사품을 주었다.[40] 또 원풍 4년(1081) 최사제(崔思齊)가 왔을 때도 신종은 135인을 접견하고 회사품을 주었다.[41] 그리고 원우 5년(1090)에 이자의가 입송할 때는 269인이 갔었다.[42] 북송말 정강 원년(1126)의 경우 송·금(宋金)의 전쟁으로 인해 고려사절은 비록 상경하지 못했으나, 292인이 명주 정해현에 왔다고 한다.[43]

당시 고려사절은 최소 78인에서 많을 때는 300인 가까이로 그 규모가 상당하였음을 알 수 있다. 또 몇몇 사료에서 사절들이 왔던 숫자만을 기록하고 있지만, 나머지 사료에서는 송 황제가 수백인의 고려사절을 직접 접견하고, 관직에 따라 회사품도 주었다고 기록하고 있음을 보아, 송에 왔던 고려사절들은 그 대부분이 상경하였던 것으로 판단된다. 한편 고려 이외에 서하사절도 상당수 인원이 상경한 것으로 보이지만,[44] 그 정확한 숫자

40) 『續資治通鑑長編』 卷302, 元豊三年, 正月, 己丑, "高麗國謝恩兼進奉使柳洪 · 副使朴寅亮等百二十一人, 見於垂拱殿, 賜物有差."

41) 『續資治通鑑長編』 卷321, 元豊四年, 十二月, 己巳, "高麗進奉使崔思齊 · 副使李子威等百三十五人見, 賜物有差."

42) 『蘇軾文集』 卷31, 奏議, 乞禁商旅過外國狀, "近又於今月(元祐五年八月)初十日, 據轉運司牒, 准明州申報, 高麗人使李資義等二百六十九人, 相次到州, …"

43) 『靖康要錄』 卷9, 靖康元年, 十一月 五日의 條, "高麗國王楷使賀皇帝登寶位, …十一月一日至定海縣計二百九十二人, 館于樂賓館, 先是樞密奉聖旨, 令人使更不赴闕, 明州差官押送禮物至, 明年四月使人始離館歸國去云."

44) 申採湜, 「宋 · 西夏貿易考」, 신채식 저작집Ⅲ, 『宋代對外關係史研究』, 한국학술정보, 2008, 제3부 宋朝의 西夏政策.

나 그들 모두를 송 황제가 접견했다는 기록은 없다. 앞서 인용한 사료들을 토대로 고려사절이 이용한 항구와 인원수를 표로 나타내면 다음과 같다.[45)]

시기	입송항	인원수
*대중상부 7년(1014)	등주	78인
천희 5년(1021)	등주	170인
천성 8년(1030)	등주	293인
희령 3년(1070)	수주	110인
*원풍 2년(1079)	명주	121인
*원풍 4년(1081)	명주	135인
*원우 5년(1090)	명주	269인
정강 원년(1126)	명주	292인

당시 외교사절은 정사와 부사, 그리고 삼절인[三節人(上節, 中節, 下節)]으로 구성되어 있었다. 현재 고려사절의 구성을 나타내는 사료는 없다. 그런데 청조 조선사절의 경우, 다음과 같이 구성되어 있었다. 동지사(冬至使)의 경우, 정사[正使(1)], 부사[副使(1)], 서장관[書狀官(1)], 당상관[堂上官(2)[, 상통사[上通事(2)], 질문종사관[質問從事官(1)], 압물종사관[押物從事官(8)], 압폐종사관[押幣從事官(3)], 압미종사관[押米從事官(2)], 清學新遞兒[清學新遞兒(1)], 의원[醫員(1)], 사자관[寫字官(1)], 화원[畵員(1)],

---

45) 高麗使節의 人員數에 대해서는 이미 丸龜金作의 언급이 있다. 同, 「高麗と宋との通交問題(一)」, 『朝鮮學報』 17, 1960. 이를 토대로 *은 필자가 추가로 확인한 것이다.

〈그림 7〉 송나라 개봉의 궁전터. 현재는 황하의 범람으로 수몰되어 있다.

군관[軍官(7)], 우어별차[偶語別差(1)], 만상군관[灣上軍官(1)], 일관[日官(1)], 등 35명으로 구성되어 있었다(괄호 안은 인원수). 여기에 더하여 각관이 각종의 종자(從者)를 데리고 갔고, 그래서 일행의 총인원은 200명에서 300명 내외였다고 한다.[46]

위의 표에서 나타낸 바와 같이 고려사절의 인원수도 많을 때는 200명~300명 규모였다. 이 점에서 고려사절도 공식 관원 이외에, 각관이 여러 종자를 데리고 갔음을 추정해 볼 수 있다. 실제로 희령 9년(1076)에 입공한 최사훈은 화공(畵工) 여러 명을 데리고 와서 개봉의 상국사(相國寺) 벽화를 모사해 갔다고 한다.[47] 그는 또 악인(樂人) 10여 명을 데리고 가서 신종황제 앞

46) 全海宗, 「清代 韓中朝貢關係考」, 『東洋史學研究』1, 1966. 同, 『韓中關係史研究』(一潮閣, 1970), 所收.

에서 연주를 시키기도 했다.[48] 여기서 고려의 경우도 공식 사절 이외에 각관이 종자를 데리고 갔음을 확인할 수 있다. 다른 나라의 경우, 송 황제가 궁정에서 종자까지도 접견했다는 기록은 찾아볼 수 없고, 그랬을 가능성도 낮아 보인다. 후술하는 바와 같이 서하의 경우, 사절이 데리고 왔던 종자들은 숙소 밖으로 나가는 것까지도 제한하고 있었다. 아무튼 고려사절의 경우 상경 인원이 매우 많았고, 이 점에서 송측은 고려에 대해서는 다른 나라에 비해 상당히 파격적으로 예우하였다.

2. 고려사절의 개봉 체류

송대 개봉성은 궁성, 내성[리성(裏城): 구성(舊城), 당 변주성], 외성(신성)으로 구성되어 있었다. 이 개봉성에는 외국사절을 위한 숙소가 마련되어 있었다. 거란사절은 말과 수레를 이용해 개봉까지 왔던 것 같고, 그래서 그들의 숙소인 도정역(都亭驛)은 마구간까지 갖춘 525칸 규모였으며,[49] 그 위치는 내성 안쪽의 광화방(光化坊)에 있었다.[50] 그리고 서하사절의 숙소인 도정서

---

47) 『圖畵見聞誌』(四庫全書本) 卷6, 高麗國, "(熙寧)丙辰冬, 復遣使崔思訓入貢, 因將帶畵工數人, 奏請摹寫相國寺壁畵歸, 詔許之, 於是盡摸之持歸."

48) 『宋史』, 高麗傳, "(熙寧)九年, 復遣崔思訓來, …嘗獻伶官十餘輩, 曰, 夷樂無足觀, 止欲潤色國史爾,"

49) 『宋會要輯稿』, 方域10-15, "(徽宗崇寧元年)九月五日修都亭驛畢工, …凡治舍自門堂屋廐序爲屋五百二十有五."

50) 『玉海』 卷172, 宋朝都亭驛. 周寶珠, 『宋代開封研究』, 河南大學出版

역(都亭西驛)은 내성 바깥쪽의 혜녕방(惠寧坊)에 있었다.[51]

고려사절은 '동문관(同文館)'이란 숙소에 머물렀다. 이는 연추방(延秋坊)에 있었고 희령 9년(1076)에 설치되었으며 278칸의 규모였다.[52] 동문관의 위치는 양문(梁門) 밖 안주항(安州巷)에 있었다고 하는데,[53] 양문[梁門, 창합문(閶闔門)이라고도 함]은 내성 서쪽에 있었던 세 문 가운데 하나로 약간 북쪽에 위치하였다.[54] 따라서 동문관은 내성 바깥 서북쪽에 있었다.[55]

고려사절은 12월에 조견(입공의식)을 거친 뒤, 신년의 정단(正旦) 조회(朝會)에 거란이나 서하 등 다른 외국사절과 함께 참여하였다. 북송말의 개봉에 대해 회고록을 남긴 맹원로(孟元老)에 따르면, 고려사절은 정단 조회에서 중국식으로 인사했으며, 황제는 요나라 사절과 고려사절에 대해서만 그 숙소에서 연회도 베풀어주었다고 한다.[56]

그밖에 고려사절은 송의 수도 개봉에서 여러 가지 일정을 보냈다. 이에 대해서는 다음의 사료가 잘 나타내고 있다. 철종대

社, 1992, 614쪽.

51) 『玉海』 卷172, 祥符都亭西驛. 周寶珠, 위의 책, 614쪽.

52) 『宋會要輯稿』, 職官25-11, 同文館, "在延秋坊, 熙寧中併置, 以待高麗國進奉人使, 舍宇二百七十八間," 『宋史』, 高麗傳에 따르면, "(熙寧)九年復遣崔思訓來, 命中貴人倣都亭西驛例治館, …"이라 하여, 熙寧9년에 西夏使節의 숙소인 都亭西驛처럼 同文館을 건설했다고 한다.

53) 『東京夢華錄』 卷6, 元旦朝會.

54) 『東京夢華錄』 卷1, 舊京城.

55) 『河南通志』(四庫全書本) 卷51, 古蹟上, 開封府, "同文館: 在府城大梁門外西北, 宋時建待高麗使臣之所,"

56) 『東京夢華錄』 卷6, 元旦朝會.

에 소철은 조정이 사이(四夷) 가운데 요와 서하와의 관계를 중시해야 하는데, 요와 서하에 비해서 고려만 지나치게 예우하면 조정에게 불편할 뿐 아니라, 요와 서하도 그것을 알게 될 것이라 하며, 고려사절에 대한 동문관 대우와 요의 도정역이나 서하의 도정서역의 대우를 비교하기 위해, 북사조약(北使條約), 서사조약(西使條約), 고려사조약(高麗使條約)을 나열하고 있다.57)

〈북사조약〉:

하나, (거란) 사절이 보낸 상품구입 목록 가운데 만일 팔아서는 안 될 물건이나 신고하지 않은 물건이 있으면, 국신사(國信司)가 처리하여 관고(官庫)에 넣도록 하며, 관반사부가 (그들에게) 좋게 설명하도록 한다.58)

〈서사조약〉:

하나, 서인(西人)이 정단(正旦)과 성절(聖節)을 축하하기 위해 개봉에 올 경우, 20일 동안 머무를 수 있도록 하며, (다시 그것을 연장한다 해도) 15일을 넘지 않도록 한다. 만일 의논해야 할 일이 있으면 조지(朝旨)를 기다려 진행하도록 한다.59)

---

57) 蘇轍, 『欒城集』(四部叢刊本)卷45, 乞裁損待高麗事件箚子, "臣愚以謂朝廷交接四夷, 莫如遼夏之重, 而自前所以遇高麗者, 其比二虜多或過之, 非獨於本朝事有不便, 儻使二國知之亦爲未免, 今略取都亭及西驛所以待西北人使約束, 與同文館待高麗條例, 輕重相比, 乞行裁酌, 謹具條例如後."

58) 一, 人使送到買物箚子, 如內有不係賣與物色, 更不闞報, 國信司下行, 幷官庫供納, 仰館伴使副婉順說與, (後條其不係賣與物色名件, 逐一細開.)

59) 一, 西人詣闕賀正旦・聖節到, 許住二十日, 非泛一十五日,(如係商量事,

하나, 서인이 개봉에 올 경우, 함께 따라온 번락[蕃落, 종자(從子)]들은 역(도정서역) 밖을 나가서는 안 되며, 혹시 매매할 일이 있으면 본역의 승수사신(承受使臣)이 있는 곳에 출두하게 하고, 관으로 하여금 수매해 주도록 하게 한다.[60]

하나, 서인이 개봉에 도착하여 물건을 사고자 할 경우, 관이 물건 값을 정하는데, 시가보다 조금 낮게 하되, 조금 이윤을 붙여 팔도록 하며, 얻어진 금액은 관에 납입하도록 한다.[61]

〈고려사조약〉:

사절의 종자들이 밖에 나가 사온 물건들은 검사하도록 하며, 만일 위금물(違禁物)이 있으면 좋게 설득하여 압류하고 잡지전(雜支錢)으로써 그 값을 보상한다. 특히 정치를 논한 글이나 국방을 다룬 글이 있으면, 곧바로 그 출처를 물어, 개봉부에 신고하도록 한다.[62]

진봉인이 수도에 도착하면 사록사[司錄司, 개봉부사록사(開封府司錄司)]가 상인들에게 알리고, 동문관에 상품을 들여 건물의 두 회랑에 진열하도록 하여, 진봉인들과 교역하도록 하고, (개봉의 성문을 관할하는) 감문(監門)에게도 통보하여 상인의 왕래가 끊이지 않도록 한다.[63]

친사관(親事官)은 구경하거나 상품구입을 하는 사절의 종자들과

候朝旨進發.)

60) 一, 西人到闕, 隨行蕃落, 將不許出驛, 或有買賣, 於本驛承受使臣處出頭, 官爲收買,(後條不許收買物, 亦細開名件.)

61) 一, 西人到京買物, 官定物價, 比時估低, 小量添分數供賣, 所收加擡納官.

62) 諸人從出外買到物竝檢察, 有違礙者, 卽婉順留納(以雜支錢續還價直), 係特政論議及言邊機等文字, 卽問元資處, 關開封府.

63) 諸進奉人到闕, 司錄司及曉示行人, 許將物入館, 至設廳兩廊, 與進奉人交易, 仍關監門不得阻節.

함께 나가는데, 만일 그들이 마음대로 악예인(樂藝人)을 부르도록 하거나, 술을 먹고 사고를 치도록 내버려 두거나, 위금물을 구입하도록 내버려 둔다면, 장(杖) 80에 처하고, 사건이 엄중한 자는 상주하여 처리하도록 한다.[64)]

하절인(下節人)들은 하루에 20명씩 교대로 동문관을 나서서 구경과 상품구입을 하도록 하는데, 그때마다 친사관 한명이 따라 나선다. 말을 타기를 원할 경우, 관청의 말 가운데 한필씩을 내고, 말을 다루는 병사 한명을 따라 붙게 한다. 신시(오후 3시에서 5시)에는 돌아오도록 하며, 친사관에게 그 간 곳을 반드시 적어 보고하도록 한다.[65)]

진봉인이 불경을 사기를 원할 경우 상서사부(尙書祠部)에 보고하도록 하고, 나머지 물건은 잘 헤아려서 사주도록 하는데, 금물(禁物)이나 금서(禁書), 독약은 사주지 못한다.[66)]

진봉인이나 삼절인이 기예인(伎藝人)을 불러 교습받기를 원하면, 관구동문관소(管勾同文館所)에 신고하도록 한다.[67)]

(동문관에서 쓰는) 공사전(公使錢) 50관은 좌장고(左藏庫)에 신고하여 받도록 하는데 하루 안에 도착하도록 한다. 또 사흘이나 닷새마다 그 계절에 나는 꽃이나 과일 등을 사서 진봉사부와 삼절인에게 보내게 하는데, 궐랑(闕郞)이 나아가 신고하여 취한다.[68)]

---

64) 諸親事官隨人從出外有看買賣, 輒呼樂藝人・飮酒作過及買違禁物者, 杖八十, 情重者奏裁,(差到先責知委狀.)

65) 諸下節日聽二十人番次出館遊看買賣, 仍各差親事官一人隨, 願乘馬者, 於諸司人馬內各差壹匹, 幷牧馬兵士一人至, 申市還, 仍責隨人所往處狀.

66) 諸進奉人乞贖藏經者, 申尙書祠部, 餘相度應副, 卽不許買禁物・禁書及諸毒藥.

67) 諸進奉使乞差伎藝人敎習, 三節竝關管勾同文館所.

68) 公使錢五十貫關左藏庫供, 限壹日到, 每三日或伍日, 買時物花果之類, 送進奉使副幷上中下節, 闕郞冉關取.

이상과 같이 소철은 〈북사조약〉, 〈서사조약〉, 〈고려사조약〉을 열거하고, 서하나 요에 비해 유독 고려사절만을 두텁게 대우하고 있다고 하여, 그것을 낮추어줄 것, 매일 동문관 밖으로 나가는 인종(人從)의 출입을 서북 사절처럼 제한할 것, 그리고 개봉 체류기한을 조정할 것, 등을 요청하였다.[69] 그런데 원우 5년(1090) 10월 구법당 정부는 하절인의 경우 20명씩 동문관 밖으로 나가던 것을 줄여 10명씩 교대로 나가도록 하였다.[70] 따라서 구법당 정부는 동문관의 예우에 있어서는 소철의 주장 가운데 일부만 수용하였다.

그러나 철종의 원부 원년(1098)에 이르러 고려조공에 대해서 다시 '원풍조례(元豊條例)'를 적용시키고 있다.[71] 원풍이란 신종의 연호이므로, 고려사절에 대해서는 신종대에 접대했던 방식으로 다시 되돌아갔다. 아무튼 이를 통해 〈고려사조약〉은 신종대에 만들어진 것으로 판단할 수 있다.

위의 〈조약〉들을 통해, 고려사절이 종자까지 데리고 상경했던 것과 마찬가지로, 서하사절도 번락(蕃落)들을 데리고 상경한 것을 확인할 수 있다. 그러나 서하의 번락들은 도정서역 밖으로는 나갈 수 없고, 또 상품을 구입하고자 할 경우에도 먼저 목록

---

69) 『欒城集』 卷45, 乞裁損待高麗事件箚子, "臣欲乞凡館待送遺, 竝量加裁, 抑其人從出入, 卽依西北人使舊例, 其留住月日, 非汴水未通, 仍立定日限, 如此施行, 亦不爲薄也."

70) 『續資治通鑑長編』 卷449, 元祐五年, 冬十月, 癸丑, "… 日聽十人番次出館遊看買賣, …"

71) 『宋會要輯稿』, 蕃夷7-42, 歷代朝貢, "元符元年六月二十七日, 詔高麗朝貢竝依元豊條例施行."

을 제출한 뒤, 송측 관원을 통해서만 구입할 수 있었다. 이에 비해 고려의 경우는 비록 송측 친사관이 따라붙긴 하였지만, 사절과 함께 종자들까지도 동문관을 나가서 비교적 자유롭게 관광하거나 상품을 구입할 수 있었다.

또 고려에 대해서는 동문관 안에 상국사(相國寺) 앞의 상인들을 불러들여 상점을 설치하여 사절들이나 종자가 상품을 교역할 수 있도록 하기도 했다.[72] 그리고 개봉에서의 체류일수도 거란은 10일,[73] 서하는 20일(15일 추가)이었음에 비추어, 고려는 수개월(이자의의 경우 최소 4개월 가량)에 이르는 등, 이 점에서도 송측은 거란이나 서하에 비해 고려사절을 매우 두텁게 대우했음을 알 수 있다. 다만 휘종조 이전에는 견사[見辭, 조견(朝見)과 조사(朝辭)]의 의례를 할 경우, 송측은 고려보다 서하를 우선시키고 있었다.[74]

3. 고려왕의 진봉에 대한 회사

원풍 3년(1080) 신종은 고려국왕의 진봉(進奉)에 대해서는

---

72) 蘇軾에 의하면 相國寺의 行鋪를 징발하여 高麗使人館에 넣어 상점을 설치하였다고 한다. 『蘇軾文集』 卷35, 論高麗買書利害箚子三首, "近者因見館伴中書舍人陳軒等申乞盡數差勒相國寺行鋪入館鋪說, 以待人使買賣, …"

73) 『續資治通鑑長編』 卷262, 熙寧八年, 夏四月, 丙寅, "古事使者留京不過十日."

74) 『宋史』, 禮志72, 賓禮4, 夏國使副辭儀, "如見儀, 凡蕃使見辭同日者, 先夏國, 次高麗, 次交趾, 次海外蕃客, 次諸蠻." 申採湜, 『宋代對外關係史硏究』, 「宋·西夏貿易考」, 참조.

'절견(浙絹) 1만 필'을 회사(回賜)하기로 결정하였다. 그 이유는 공물의 가격을 환산하여 회사하는 것이 송 황제의 체면을 상하게 하는 것이므로, 앞으로 고려국왕의 공물에 대해서는 가격을 환산하지 않고 회사하는 것으로 영원히 정례(定例)로 삼았다고 한다.[75)]

그런데 같은 원풍 연간에 신종은 시박사(市舶司)로 하여금, 번국의 진봉물을 굳이 수도로 올려 보내지 말고, 시박항(市舶港)에서 가격을 지불하고 돌려보내라는 법을 시행했다.[76)] 이는 조공을 가장하여 송에 무역을 하러 오는 나라가 많았고, 이들을 상경시켜 황제가 모두 접견한다면 너무나 번거롭기 때문에, 시박항에서 곧바로 처리하도록 한 것이라 해석된다.

철종의 경우도, 원우 2년(1087)에 교주[交州, 교지(交趾)]의 진봉인이 상아 등을 팔고자 한 데 대해, 송측은 고가(估價)를 적용하여 9,490관으로 계산하였는데, 이에 대해 철종는 1만 관을 '특사(特賜)'하고 있다.[77)] 이를 보면 그들은 입공의 기회를 이용해 무역을 하고 있었고, 그에 따라 송측도 진봉물의 가격을 환산한 뒤, 거기에 조금 더 보태어 화폐로 회사하는 것에 그치고 있다.

이처럼 신종이 다른 나라와는 달리 유독 고려에 대해서만 진

---

75) 『宋會要輯稿』 蕃夷7-36, 歷代朝貢, 元豊三年, 正月, 十七日詔, "高麗國王每朝貢回賜浙絹萬疋, 須下有司估准貢物乃給, 有傷事體, 宜自今國王貢物不估直回賜, 永爲定例."

76) 『宋史』, 食貨, 互市舶法, "(宣和)四年, 蕃國進奉物, 如'元豊法', 令舶司卽其地鬻之, 毋發至京師, 違者論罪."

77) 『續資治通鑑長編』 卷401, 元祐二年, 五月, 己卯, "禮部言, 交州進奉人乞賣象牙等, 估九千四百九十貫有奇, 詔特添賜幷估支錢一萬貫."

봉물의 가격에 따라 회사하지 않았다. 참고로 고려의 대송 조공품에 관한 연구에 따르면, 공예기술면에서 거의 송에 필적하는 산품들로 구성되어, 질과 양에 있어서 송인에게 감명을 주었을 것이라 평가하고 있다.[78] 따라서 신종은 그동안 고려가 정성을 들여 진봉물을 보내오던 것을 줄곧 지켜보다가, 고려가 기타의 나라와는 다르다는 것을 깨닫고, 원풍 3년에 이르러 그 같은 조치를 내린 것이며, 물론 여기에는 후술하는 바와 같이 외교적 목적도 담겨 있었던 것으로 짐작된다.

4. 고려사절에 대한 접대와 회사 비용

다음으로는 송측이 고려사절에 대한 접대와 회사에서 지출한 비용이 어느 정도였는가에 대해 알아보겠다. 원우 8년(1093) 2월 1일에 행해진 소식의 상주문을 보면, "고려인사가 매번 입공할 때마다, 조정과 회절 2로의 사예(賜豫), 궤송(饋送), 연로(燕勞)의 비용이 약 10여 만 관이나 됩니다만, 정관(亭館)을 고치고 장식하는 것이나, 행시(行市)를 소동(騷動)하게 하는 것, 인선(人船)을 조발(調發)하는 비용은 들어가 있지 않습니다."라고 적고 있다.[79]

또 원우 5년(1090) 8월 15일에 행해진 소식의 또 다른 상주에

---

78) 池田溫, 「麗宋通交の一面--進奉·下賜品をめぐって」, 『東アジアの文化交流史』, 吉川弘文館, 2002, 所收.

79) 『蘇軾文集』 卷35, 論高麗買書利害箚子三首.

서는 "고려사절이 명주에서 윤주(潤州)까지 가는 동안, 지방관청이 지출한 비용만 해도 2만 4,600여 관"이었다고 하며, "회남(淮南)과 경동(京東)의 2로의 비용, 그리고 관대(館待)와 사예비(賜豫費)를 포함하지 않았으나, 모두 합치면 10여 만 관 아래로는 내려가지 않을 것"이라 하였다.[80)]

특히 후자를 보면, 소식은 10만여 관의 내역을 크게 지방에서 지출한 경비와 개봉에서 지출한 경비로 나누고 있다. 그리고 소식은 지방경비에 궤송(饋送), 연로(燕勞)만을 넣고 있는데, 실제로 여기에는 지방의 고려관(高麗館) 체재비도 포함되어야 할 것이다. 그래서 여기에다 개봉에서 관대(館待)와 사예비(賜豫費)가 나갔다고 볼 수 있다.

그런데 원우 5년에 행해진 소식의 이 상주는 고려사 이자의가 명주에 도착(8월 10일)한 직후 만들어진 것이다. 그러므로 이 10여 만 관은 원우 5년의 것이 아니라, 그 이전인 신종대에 고려사절을 위해 지출한 비용을 가리킨다.

이 소식의 두 상주를 근거로 10여 만 관의 지출 내역을 정리하면, ① 사예(회사비), ② 관대(동문관에서의 접대비), ③ 궤송(지방관원의 예물비),[81)] ④ 연로(지방관원의 환영과 환송 연회

80)『蘇軾文集』卷31, 乞禁商旅過外國狀, "而自明及潤七州, 舊例約費二萬四千六百餘貫, 未論淮南・京東兩路及京師館待賜予之費, 度不下十餘萬貫."

81) 宋은 使節이 지나가는 지방에서 知州와 通判으로 하여금 '燕勞'를 베풀어 환영과 환송을 하게 했고, 使節은 그에 대한 감사의 표시로 禮物을 건넸다. 이에 대해 宋側 官員도 外國使節이 돌아갈 때 答禮하였다. 이들 예물을 '사적(私覿)', '궤유(饋遺)', '궤송(饋送)'이라 하였다. 聶崇

비)로 구성되어 있었다. 그래서 그 지출 내역을 좀 더 구체적으로 알아보기 위해, 고려사절의 이동거리를 살펴보기로 한다. 명주에서 항주까지 거리는 476리였다.[82] 그리고 항주에서 개봉까지 거리는 이전에 필자가 계산한 적이 있다.[83] 그래서 그 거리를 단계별로 나타내면 다음과 같다.

명주(明州)→(476리)→항주(杭州)→(800리)→윤주(潤州)→(48리)→양주(揚州)→(300리)→초주(楚州)→(200리)→사주(泗州)→(840리)→개봉상선문[開封上善門, 동수문(東水門)] : 총 2,664리.

앞서 소식은 명주에서 윤주까지 이동하는 데 쓰인 경비가 2만 4,600관이라고 했는데, 사실 이는 사절이 왕복하는 데 쓰인 것을 의미한다. 그래서 명주와 윤주 사이 1,276리를 왕복하는데 사용된 경비가 2만 4,600관이므로, 이를 제외한 나머지 거리인 1,388리를 왕복하는 데에는 약 2만 6,759관이 쓰였다는 계산이 나온다. 이를 합산하면, 명주와 개봉을 왕복하는 데에는 5만 1,359관, 약 5만 관 남짓이 사용되었다고 볼 수 있다.

앞서 서술한 것처럼 원풍 3년(1080) 송 신종은 고려에 대해서 절견 1만 필을 회사하는 것을 영원히 정례로 삼았다. 참고로 원우4년(1089) 당시 양절 지방의 비단 1필은 1관[77맥(陌)]이었다.[84] 원풍 3년과 비교해 시간적으로 9년밖에 차이가 나지 않으

岐, 「宋遼交聘考」.

82) 『寶慶四明志』 卷1, 境土, "至行在所四百七十六里."

83) 金榮濟, 「宋代 兩稅의 運送--東南 上供米의 運送과 運送費를 中心으로-」.

므로, 비단의 가격은 크게 달라지지 않았을 것이다.[85] 그렇다면 신종이 고려에게 앞으로 절견 1만 필을 회사하는 방침을 정한 것은 매번 1만 관 어치를 주겠다고 한 것과 마찬가지라 볼 수 있다.[86]

이를 근거로 할 경우, 원우 5년 이전에 송측이 고려사절을 위해 지출한 10여 만 관의 내역을 대략적이나마 산출할 수 있다. 명주와 개봉 사이의 왕복구간에서 '궤송'과 '연로'로 약 5만여 관이 지출되었고, 1만 관 남짓이 회사비, 나머지 4만관 가량이 최소 4개월 이상 체재하던 개봉 동문관에서의 접대비로 지급되었다고 추산할 수 있다. 결국 10여 만 관의 경비는 그 대부분이 명주와 개봉 사이의 이동구간과 개봉 동문관의 접대비로 지출되었고, 그 10분의 1이 회사비로 충당되었다고 하겠다.

---

84) 彭信威, 『中國貨幣史』, 上海人民出版社, 1958, 1988, 再版, 458쪽.

85) 당시 비단 가격은 안정되어 있었다고 한다. 彭信威, 『中國貨幣史』, 458쪽.

86) 哲宗의 元祐元年에는 絹 1萬匹 이외에, 馬三匹, 銀鞍勒一副, 衣二袭, 金帶二, 錦綺羅一百五十匹, 衣著五百匹, 銀器五千三百兩을 回賜하고 있다. 그래서 연구자 가운데는 이를 들어 마치 1만필 이외에 더 많은 回賜를 한 것처럼 해석하기도 한다. 그러나 사료를 보면 그 앞에 奉慰 및 賀登寶位使人의 進奉物에 대해 합쳐서 回賜를 한다고 나타나 있다. 『續資治通鑑長編』 卷364, 元祐元年, 正月, 丁未 참조. 참고로 高麗에서는 1년 전에 神宗이 사망하자 戶部尙書 金上琦와 禮部侍郎 崔思文을 弔慰使로, 工部侍郎 林槪와 兵部侍郎 李資仁을 賀登極使로 파견했다. 『高麗史』 卷10, 宣宗二年, 八月, 辛未 참조. 그러므로 이 때 高麗에서는 두 가지 進奉物을 준비해 갔고, 그에 따라 宋에서도 두 가지 예물에 대해 함께 回賜한 것이다. 따라서 神宗의 비단 1萬匹 回賜 방침은 그 이후에도 준수되었던 것으로 해석된다.

Ⅳ. 고려를 예우한 목적과 후세의 영향

1. 고려를 예우한 목적과 성과

신종은 원풍 8년(1085) 3월에 사망하였다.[87] 그런데 송 조정에서는 이 시점부터 고려에 대한 부정적인 입장이 나타나고 있다. 원풍 8년 11월에 선우자준(鮮于子駿)이란 사람은 고려의 조공을 연해(沿海) 주군(州郡)의 예(禮)에 맡긴다면, 조정을 번거롭게 하지 않을 수 있을 뿐더러, 또 그들이 민월주(閩越州)에 가서 상고(商賈)할 수 있도록 한다면, 고려인도 이를 사양하지 않을 것이라 하고 있다.[88] 앞서 신종황제는 조공을 가장하여 무역하러 오는 나라의 경우, 사절을 상경시키지 않고, 시박사(市舶司)가 현지에서 곧바로 처리하도록 하였다. 그러므로 선우자준의 말은 고려가 조공무역을 하러 온다고 하는 것과 마찬가지라 할 수 있다.

이 선우자준은 구법당 계열의 인물로 판단되는데,[89] 잘 알려

87) 『續資治通鑑長編』 卷353, 元豊八年, 三月, 戊戌.

88) 秦觀의 『淮海集』(四庫全書本) 卷36, 狀, 鮮于子駿行狀, "又言高麗朝貢可令瀕海州郡爲禮, 不煩朝廷, 若其自欲商賈聽往閩越州, 麗人無以辭矣," 『續資治通鑑長編』卷361, 元豊八年, 十一月, 丁酉, "朝議大夫鮮于侁(子駿)爲京東轉運使, …侁旣至, …又乞止絶高麗朝貢, 只許就兩浙互市, 不必煩擾朝廷, …" 따라서 鮮于子駿의 주장은 元豊8년에 행해진 것이다.

89) 그는 司馬光이 극찬하고 있는 것을 보아 같은 계열의 인물로 판단된다. 『續資治通鑑長編』 卷361, 元豊八年, 十一月, 丁酉, "朝議大夫鮮于

진 것처럼, 철종대에 구법당 정부가 들어서면서 고려에 대한 비판은 본격화한다. 그 대표적인 것이 소식의 고려 오해론(五害論)이다.[90] 이에 대해서는 이미 선학의 연구가 있었으므로,[91] 새삼 다루지 않겠다. 다만 소식의 주장은 근거 없는 내용이 많다.

> 지금 사람들은 고려가 송으로부터 받은 회사품의 반이 거란으로 들어가고 있다고 생각하고 있습니다. 비록 그 사실 여부는 밝힐 수 없다고 하더라도, 거란의 강성함은 고려에게 화복(禍福)을 동시에 줄 수 있기에, 만약 서로 몰래 짠 것이 아니라면, 고려가 어찌 감히 공공연히 중국에 입조할 수 있겠습니까? 생각이 있는 선비들은 이를 심히 우려하고 있습니다.[92]

이 문장을 보면 사람들이 이렇게 생각하고 있다든지, 아니면 그 사실 여부는 밝힐 수 없다고 되어 있다. 즉 그는 사실에 근거

佺(子駿)爲京東轉運使, 熙寧末佺已嘗爲京東轉運使, 於是司馬光語人曰, 今復以子駿爲轉運使, 誠非所宜, 然朝廷欲救東土之弊, 非子駿不可, 此一路福星也, 可以爲諸路轉運使模範矣, 又曰, 安得百子駿布在天下乎." 여기서 사마광은 선우자준을 一路의 福星, 諸路轉運使의 모범이라 칭찬하고 있다.

90) 『蘇軾文集』卷30, 奏議, 論高麗進奉狀 및 卷35, 論高麗買書利害箚子三首, 참조.

91) 申採湜, 「蘇軾(東坡)의 高麗觀」, 『中國學報』 2, 1987. 李範鶴, 「蘇軾의 高麗排斥論과 그 背景」, 『韓國學論叢』 15, 1992. 鮑志成, 「蘇東坡와 고려」, 조영록 편, 『한중문화교류와 남방해로』, 국학자료원, 1997. 近藤一成, 「文人官僚蘇軾の對高麗政策」, 『史滴』 23, 2001.

92) 『蘇軾文集』 卷30, 奏議, 論高麗進奉狀, "議者以爲所得賜予, 大半歸之거란, 唯虛實不可明, 而거란之疆, 足以禍福高麗, 若不陰相計構, 則高麗豈敢公然入朝中國, 有識之士, 以爲深憂."

하여 주장을 하고 있다기보다는, 논리적 가능성을 가지고 고려를 의심하고 있는 것이라 할 수 있다. 이는 다음의 문장에서도 나타난다.

> 대체로 이성(二聖)[신종(神宗)과 철종(哲宗)]이 사위(嗣位)한 수년 동안은, (고려가) 감히 가볍게 입공해 올 수 없어, 갑자기 후리(厚利)를 잃게 되자, 다시 사신을 파견하고자 하나, 성의(聖意)를 헤아릴 수 없어, 이런 까닭으로 [수개(壽介) 등의 승려를 파견하여] 죽은 정원(淨源) 승려를 제사한다는 명목과, 금탑(金塔)을 바침으로써 조정을 시험하여, 대우하는 것이 어떤지를 짐작해 알고자 하는 것입니다.[93]

여기서 고려가 조공무역을 하고 있다는 이 주장 역시도 소식의 추정일 뿐, 실제로 그러했는가는 전혀 알 수 없다. 이처럼 소식의 주장은 어디까지나 가능성을 이야기하고 있을 뿐이다. 따라서 이 주장을 근거로 거기서 어떤 역사적 사실을 이끌어내기에는 한계가 있다.

그렇다면 소식이 이와 같은 주장을 한 배경은 어디에 있었을까? 원우 8년(1093) 고려에게 서적을 팔아서는 안 된다고 하는 소식의 상주문 곳곳에서, 그는 고려를 거란의 '심복(心腹)'이라든지,[94] 거란의 '여국(與國)',[95] 고려사(高麗使)를 거란의 무리[당

93)『蘇軾文集』卷30, 奏議, 論高麗進奉狀, "蓋爲二聖嗣位數年, 不敢輕來入貢, 頓失厚利, 欲復遣使, 又未測聖意, 故以祭奠源闍黎爲名, 因獻金塔, 欲以嘗試朝廷, 測知所以待之之意輕重厚薄."

94)『蘇軾文集』卷35, 論高麗買書利害箚子三首, 元祐八年二月初一日, "臣

(黨)][96]라 표현하고 있다. 즉 소식은 고려는 거란 편이라 생각하여, 고려가 입공해 오는 것은 송을 흠모해서가 아니라, 자신의 경제적 이익을 위해서, 그리고 거란이 시키는 대로 송을 염탐하고 있다고 보았던 것이다. 그래서 조정으로 하여금 고려를 끌어들여서는 안 되며, 또한 고려를 잘 예우해줄 필요도 없다는 뜻에서, 위와 같은 주장을 하게 된 것이라 판단된다.

그런데 구법당 정부는 소식의 요청에 따라 송상(宋商)의 고려 도항을 다시 금지하고, 고려사절에 대한 접대 경비를 삭감했다. 그러나 소식이 맹렬히 반대하던 서적 판매는 고려의 요청대로 허가했다.[97] 또 철종조 후반기에는 다시 신종조의 방침대로 고려사절을 예우했다. 따라서 구법당 집권기간 동안 약간의 변화는 있었지만, 고려에 대한 예우는 신종의 기본방침을 거의 그대로 유지하였다고 하겠다.

종래 신종이 고려사절을 예우했던 목적은 거란 견제에 있었다고 알려져 있다. 그렇다면 과연 그것이 어느 정도 성과를 거두었을까? 고려가 송에 다시 입공 이후, 거란은 남조[南朝, 송(宋)]가 어찌 우리의 노예인 고려를 후대(厚待)하느냐고 송에게 신경질적인 반응을 보였다.[98] 한편으로 송의 사신이 고려에 오면 거

竊以謂東平王骨肉至親, 特以備位藩臣, 猶不得賜, 而況海外之裔夷, 거란之心腹者乎."

95) 『蘇軾文集』 卷35, 論高麗買書利害箚子三首, 又, 元祐八年二月十五日, "臣所以區區論奏者, 本爲高麗거란之與國."

96) 『蘇軾文集』 卷35, 論高麗買書利害箚子三首, 元祐八年二月初一日, "今高麗使, 渠丹之黨, 而我之陪臣也."

97) 『蘇軾文集』 卷35, 論高麗買書利害箚子三首.

란도 반드시 다른 핑계를 대어 고려에 사람을 보내어 염탐했다고 한다.99) 연구결과에 따르면 거란은 후기에 와서 명목 없는 사신을 고려에 종종 파견했다고 한다.100) 여기서는 송과 고려가 혹시라도 군사동맹을 하지 않을까, 거란이 불안해했던 모습을 엿볼 수 있다.

그런데 『요사(遼史)』에는 고려와 여진을 막기 위해 둔 「동경(東境) 수병(戍兵)」에 관해 기록하고 있다. 그 내역은 1부(府), 1주(州), 2성(城), 70보(堡), 8영(營)에 모두 정병(正兵) 2만 2천 명이다. 이 가운데 신호군성(神虎軍城)에 정병 1만을 두었다고 하는데, 이는 대강(大康) 10年(1084)에 설치한 것이라 한다.101) 이는 이때에 이르러 거란이 고려와 여진 쪽에 군대를 갑자기 2배 가까이 증가시켰음을 나타낸다.

이 대강 10년 무렵에 여진 쪽에 특이한 동향이 있었는가 하면 그렇지도 않다. 그러므로 신호군성의 설치는 고려 쪽에 그 원인을 찾아야 할 것이다. 이 대강 10년이란 북송 신종의 원풍 7년으로, 신종조에는 희령과 원풍년간에 걸쳐 고려가 모두 6차례나 사절을 파견했다.102) 이로 인해 송과 고려 두 나라의 관계는 아

---

98) 『宋史』, 高麗傳, "(거란)常云, 高麗乃我奴耳, 南朝何以厚待之."

99) 『宋史』, 高麗傳, "聞我使至, 必假他事來覘."

100) 고려가 거란에 파견한 사행의 회차는 총 142회, 거란이 고려에 파견한 사행의 회차는 180회였고, 후기에 와서 그 왕래가 증가하였으며 명목이 없는 사행이 빈번하였다고 한다. 金渭顯, 『高麗時代 對外關係史研究』, 47쪽.

101) 『遼史』 卷36, 兵衛志下, 邊境戍兵.

102) 楊渭生, 『宋麗關係史研究』, 208-210쪽.

주 밀착되어 있었다. 따라서 신호군성은 거란이 만약에 있을지 모르는 송과 고려의 군사적 협공을 의식해 설치했을 가능성이 크다.

이처럼 고려의 입공은 거란의 군사력을 분산시키는 결과를 가져왔다. 그래서 겉으로 직접 드러나지는 않았지만, 소철의 말대로 송과 고려가 양쪽에서 거란을 잡고 있는 형국이 되었고,[103] 송측에게 군사적으로 유리한 상황이 전개되고 있었다. 나아가 이 같은 상비군의 유지는 장기적으로 거란에게 재정적인 부담을 지워, 거란의 피폐를 촉진시켰을 가능성도 있다. 이를 통해 송 신종이 고려를 끌어들임으로써 거란을 견제하는 데 어느 정도 성공했다고 할 수 있다. 또 위의 결과를 감안하면 송측은 고려의 입공에 지출한 비용 이상으로 외교적 성과를 거두었을 것으로 볼 수 있다.

그렇지만 이로 인해 자칫 군사적 충돌이 생길 수도 있었다. 구법당 계열의 인사들이 하나 같이 고려를 비판적으로 본 까닭은, 고려를 각별히 예우함으로써,[104] 만에 하나 생길지도 모르는 거란과의 충돌을 염려한 것일지 모른다. 그래서 그들은 거란의 신경을 건드리지 않고, 그들과 현상유지를 하는 편이, 송조의 외교적 신의를 유지하면서, 나아가 파국을 예방할 수 있다고 생각했을 수 있다. 이런 측면에서 본다면 소식을 비롯한 구법당

103) 蘇轍, 『欒城集』 卷45, 乞裁損待高麗事件箚子, "熙寧中, 羅拯始募海商, 誘令朝覲, 其意欲以招致遠夷爲太平粉飾及掎角거란用兵援助而已."

104) 당시 宋朝가 高麗를 두텁게 예우한 것을 新法黨의 親高麗 政策에 기인한 것으로 보는 견해도 있다. 申採湜, 「蘇軾(東坡)의 高麗觀」.

사람들도 나름대로 송조의 안위를 걱정해 그와 같은 주장을 했던 것으로 판단할 수 있다. 그렇지만 송조가 이제와 고려를 다시 멀리 할 경우, 자국의 외교적 고립을 가져올 우려도 있었기에, 구법당 정부조차도 선뜻 소식의 주장을 전부 수용할 수 없었다고 여겨진다.

2. 명·청대 조선사절에 대한 예우

명청대의 중국도 조선사절에 대해서 만큼은 다른 나라와 달리 예우를 했다. 명조의 경우 조선에 대해 처음에 '삼년일공(三年一貢)'을 적용하려 했으나, 조선의 요구에 따라 '일년일공(一年一貢)', 내지는 '일년수공(一年數貢)'을 받아들였다.[105] 또 북경(北京) 회동관(會同館, 사절의 숙소)에서의 체류도 명대에는 40일, 청대에는 60일까지였고, 사절은 개인적으로 학자들과 교류하고, 나아가 서사(書肆)나 고적(古蹟)을 방문할 수도 있었다.[106]

나아가 명대에는 회동관의 개시[開市, 송대 동문관에서처럼, 상인을 사절의 숙소에 불러들여, 사절(使節)이 상품을 쉽게 매매할 수 있도록 배려하는 것]도 다른 나라들에게는 3일이나 5일로 한정하였으나, 조선사절과 류구사절(琉球使節)에 대해서만은 그 같은 제한을 두지 않았다.[107] 그밖에 명대의 경우도 그러했을 것으로 짐작되지만, 청대에는 사절뿐만 아니라 그들이 데리고

105) 晁中辰, 『明代海禁與海外貿易』, 人民出版社, 2005, 51쪽, 65쪽.
106) 全海宗, 「淸代 韓中朝貢關係考」.
107) 晁中辰, 『明代海禁與海外貿易』, 54쪽.

간 종자들까지도 상경하고 있었다. 『열하일기(熱河日記)』를 쓴 박지원이 종자의 신분으로 청에 갔고,108) 거기서 자유로이 돌아다녔던 것을 보면, 청대에도 종자들은 회동관 밖을 자유로이 돌아다녔던 것을 알 수 있다. 결국 명청대 조선사절에 대한 예우는 북송 신종대의 고려사절에 대한 전례가 적용되었던 것으로 이해할 수 있다.

『청사고(清史稿)』의 조선열전(朝鮮列傳)에 따르면, "번방(藩邦) 울타리가 걷히면 집이 위태롭고, 외적(外敵)이 압박해 오면 내분(內紛)이 일어나니, 번방 속국이 국가의 안위와 연관된 것이 이와 같다. 『좌전(左傳)』에 이르기를, '천자(天子)의 직분은 사방의 만이(蠻夷)를 보호함에 있다.'라고 하였으니, 이 어찌 진실이 아닌가?"라고 되어 있다.109) 이를 보면 중국이 조선에게 예우했던 것은 다름 아닌 자국의 울타리를 튼튼히 하기 위한 것이었다.

북송대 증공이란 사람은 신종에게 "고려는 만이(蠻夷) 가운데 문학에 정통해 있고, 지식이 매우 많으므로, 가히 덕으로 품어야 하며, 힘으로 굴복시키기 어렵다"는 글을 올리고 있다.110) 이는 그가 신종에게 고려의 마음을 사도록 주문한 것이라 볼 수 있다. 따라서 신종이 고려를 각별히 예우한 까닭은 고려로 하여금 거

---

108) 박지원은 正祖4년(1780) 그의 삼종형 金城尉 朴明源의 수행원으로서 중국에 갔다. 김연호 옮김, 『열하일기』, 하서, 1995, 338쪽.
109) 國史編纂委員會, 『中國正史朝鮮傳』, 譯註 四, 清史稿, 朝鮮列傳.
110) 『曾鞏集』 卷35, 明州擬辭高麗送遺狀, "竊以高麗於蠻夷中爲通於文學, 頗有知識, 可以德懷, 難以力服也."

란 쪽으로 기울지 않도록 하여, 궁극적으로 송의 안전을 확보하기 위해서였다고 판단된다.

V. 맺음말

북송 초기부터 송 황제는 많게는 200~300명에 달하는 고려사절을 상경시켜 궁전에서 친히 접견했다. 특히 신종 황제는 입공의례를 제외한 나머지 부분에 있어서, 다른 외국사절보다 고려사절을 특별히 예우했다. 예를 들어 고려사절이 항구에서 수도로 왕복할 때라든지, 수도의 동문관에 체재할 때, 그리고 회사품 등에서 많은 예우를 하였다.

북송왕조는 북쪽으로는 거란, 서북쪽으로는 서하, 서남쪽으로는 교지(交趾)와 군사적으로 대립하면서 외압에 시달리고 있었다. 이 같은 상황에서 북송은 고려를 우방으로 끌어들일 필요가 있었다. 그래서 신종 황제는 고려의 마음을 사고자 접근하여, 송에 왔던 고려사절에 대해 최대한의 예우를 하였다. 이에 거란은 송과 고려가 협공을 하지 않을까 두려워하여, 고려 쪽에 새로이 군사력을 배치하였다. 그에 따라 송조는 거란의 군사력을 분산시키는 외교적 성과를 거두었다고 할 수 있다.

명조의 경우도 북으로는 북원(北元), 남으로는 베트남이나 왜구를 경계하기 위해, 조선을 우방으로 끌어들일 필요가 있었다. 그에 따라 북송의 전례를 참고하여 조선사절을 특별히 예우했고, 청조 역시도 그 같은 태도를 계승한 것으로 판단된다.

동아시아 국가 가운데 조선은 비교적 중국에 충실히 조공했다. 중국에 조공했던 나라들은 많았지만, 주변국이 스스로 중국에 조공해 오기를 바라는 조공체제의 이상에 맞춘 나라는 조선이 거의 유일했다고 여겨진다. 물론 여기에는 조선의 외교적 목적도 있었겠지만, 그렇게 된 것은 중국이 북송 이래 청조에 이르기까지, 중국왕조가 자국의 외교적 목적을 위해, 우리나라의 사절에 대해서 장기적이고도 집중적인 예우 노력을 행한 결과였을 가능성도 있다.

송조 이래 청조에 이르기까지, 중국왕조는 우리나라의 사절에 대해서 극진히 예우하였다. 한번에 200~300명에 달하는 사절단을 상경시키고, 황제가 이들을 접견하였다는 사실은 대수롭지 않게 보일 수도 있다. 그러나 그 연인원을 따진다면 고려나 조선의 상층부에 적지 않은 수의 친중인사를 양산했을 것으로 추정된다. 이로써 중국은 자국의 울타리를 튼튼히 했고, 다른 한편으로 우리나라로 하여금 중국의 문화나 문명을 긍정적으로 받아들이게 하는 데에 상당한 작용도 했을 것이다.*

---

* 이 논문은 「高麗使節에 대한 北宋政府의 禮遇 -神宗代 高麗使節의 使行旅程과 關聯하여-」(『중국사연구』 84, 2013. 6)을 수정한 것임.

〈참고문헌〉

국내 자료

國史編纂委員會, 『中國正史朝鮮傳』, 譯註 四, 清史稿, 朝鮮列傳.

金榮濟, 「宋代 兩稅의 運送 - 東南 上供米의 運送과 運送費를 中心으로」, 『東洋史學硏究』 101, 2007.

金渭顯, 『高麗史中 中韓關係史料彙編』上·下(臺灣), 食貨出版社, 1981.

金渭顯, 『高麗時代 對外關係史 硏究』, 景仁文化社, 2004.

김연호 옮김, 『열하일기』, 하서, 1995.

朴現圭, 「蘇州 소재 高麗亭館 고찰」, 『중국사연구』 80, 2012.

申採湜, 「蘇軾(東坡)의 高麗觀」, 『中國學報』 2, 1987.

申採湜, 「宋·西夏貿易考」, 신채식 저작집Ⅲ, 『宋代對外關係史硏究』, 한국학술정보, 2008.

李範鶴, 「蘇軾의 高麗排斥論과 그 背景」, 『韓國學論叢』 15, 1992.

李錫炫, 「北宋代 使行 旅程 行路考-宋 入境以後를 中心으로-」, 『東洋史學硏究』 114, 2011.

全海宗, 「清代 韓中朝貢關係考」, 『東洋史學硏究』 1, 1966.

______, 『韓中關係史硏究』, 一潮閣, 1970.

崔柄憲, 「大覺國師 義天의 渡宋活動과 高麗·宋의 佛教交流 - 晋水淨源·慧因寺와의 관계를 중심으로」, 『震檀學報』 71, 1991.

鮑志成, 「蘇東坡와 고려」, 조영록 편, 『한중문화교류와 남방해로』, 국학자료원, 1997.

외국 자료

近藤一成, 「文人官僚蘇軾の對高麗政策」, 『史滴』 23, 2001.

聶崇岐, 「宋遼交聘考」, 『宋史叢考』下, 中華書局, 1980.

楊渭生, 『宋麗關係史硏究』, 杭州大學出版社, 1997.

晁中辰, 『明代海禁與海外貿易』, 人民出版社, 2005.

周寶珠,『宋代開封硏究』, 河南大學出版社, 1992.

池田溫, 「麗宋通交の一面--進奉·下賜品をめぐって」, 『東アジアの文化交流史』, 吉川弘文館, 2002.

陳垣 編, 董作賓 增補,『增補二十二史朔閏表』, 臺灣, 藝文印書館.

彭信威,『中國貨幣史』, 上海人民出版社, 1958, 1988 再版.

丸龜金作, 「高麗と宋との通交問題(一)」,『朝鮮學報』 17, 1960.

제 4 장

고려와 원·명의 교통로

김철웅*

Ⅰ. 머리말

길은 사람과 물자의 이동 그리고 명령과 정보의 전달을 편리하고 원활하게 한다. 이를 위해 교통로 상에 역(驛)을 둔 것은 오래 전의 일이었다. 『맹자』에서는 우(郵)를 두어 명령을 전달한다고 하였으며, 이후의 왕조에서는 정(亭)·관(館)을 두어 여행자에게 편의를 제공했다.[1] 한편 신라에서는 사방에 우역(郵驛)을 두고 관도[官道, 역로(驛路)]를 맡아보게 하였으며,[2] 고구려는 평양에서 국내성(國內城)까지 17역을 두었다.[3] 발해는 신

* 단국대학교 연구전담조교수

1) 『孟子』 공손추 상, "置郵而傳命" ; 『太平御覽』 卷194, "風俗通義…亭留也 今語有亭留亭待 盖行旅宿食之所館也"

2) 『三國史記』 권3 신라본기 소지마립간 9년 3월, "始置四方郵驛, 命所司修理官道"

라와의 국경인 천정군(泉井郡)에서 상경용천부까지 39역을 설치했다.[4] 이러한 국내의 역로(驛路)는 국가 간에 사신이 오갈 경우에는 사행길이, 상인에게는 무역로가, 민간에서는 여행로가 된다.

한반도와 중국을 잇는 교통로에 대해서는 일찍부터 활발하게 연구가 진행되어 왔다. 고려의 경우 송(宋)과의 해상 교통로가 일찍부터 주목받아 많은 연구 성과를 축적하였다.[5] 이에 비해 고려와 원(元)의 교통로에 대해서는 그 동안 관심이 소홀하였다. 고려와 원 간의 교통에 대해서는 고려와 원의 관계를 다루면서 교통로를 대략적으로 언급되어 왔으나[6] 최근에 이르러서 관심

---

3) 『三國史記』 권37 잡지6 지리4 고구려, "總章二年(669) 英國公李勣奉勑 以高句麗諸城置都督府及州縣 目錄云 鴨綠北已降城十一 其一國內城 從平壤至此十七驛"

4) 『三國史記』 권37 잡지6 지리4 백제, "賈耽古今郡國志云 渤海國南海鴨淥扶餘柵城四府 並是高句麗舊地也 自新羅泉井郡至柵城府 凡三十九驛 ; 『三國遺事』 권1 기이1 靺鞨渤海, "賈耽郡國志云 渤海國之鴨淥南海扶餘橍城四府 並是高麗舊地也 自新羅泉井郡〈地理志 朔州領縣有泉井郡 今湧州〉至橍城府 三十九驛"

5) 대표적인 연구는 다음과 같다.

김위현, 「麗宋關係와 그 航路考」, 『關大論文集』 6, 1978.

祁慶富, 「10~11세기 한중 해상교통로」, 『한중문화교류와 남방해로』, 국학자료원, 1997.

신채식, 「10~13세기 동아시아의 문화교류」, 『중국과 동아시아세계』, 국학자료원, 1997.

윤명철, 「서희의 송나라 사행선로 탐구」, 『서희와 고려의 고구려 계승의식』, 고구려연구회, 1999.

김철웅, 「고려와 송의 해상교통로와 교역항」, 『중국사연구』 28, 2004.

김창현, 「고려시대 대명관 순천관과 객관」, 『고려 개경의 편제와 궁궐』, 경인문화사, 2011.

이 고조되어 역참(驛站) 문제, 이색의 사례를 통해본 개경과 연경의 사행로, 고려와 명의 사행로에 대한 다양한 연구가 진행되었다.[7] 이러한 연구들은 고려 · 원, 고려 · 명 간의 교통이 어떻게 이루어졌는지에 대한 이해의 발판으로 제공하여 주었다.

현재까지의 연구 성과를 보면 개경과 대도[大都, 연경(燕京)] 간의 교통, 그리고 고려와 명의 사행로에 대해서는 어느 정도 연구가 이루어진 상태라고 할 수 있다. 그런데 고려와 원의 교통로 문제에 있어 주목해야 할 것은 원이 대도와 함께 상도(上都)를 두어 양경제(兩京制)를 운영하고 있었다는 사실이다. 따라서 개경과 상도 간의 교통에 대해서도 주목해야 할 것이다. 그리고 고려와 명의 교통에 대해서는 그동안 해로를 통한 사행에 대해 주목하였을 뿐 육로 교통에 대해서는 아직 구체적인 연구가 진

---

6) 장동익, 『고려후기외교사연구』, 일지사, 1994.
위은숙, 「13 · 14세기 고려와 요동의 경제적 교류」 『민족문화논총』 34, 2006

7) 엄경흠, 「정몽주와 권근의 사행시에 표현된 국제관계」, 『한국중세사연구』 16, 2004.
정요근, 「고려 역로망의 운영에 대한 원의 개입과 그 의미」, 『역사와 현실』 64, 2007.
박현규, 「高麗 賀平獨使의 수로 교통」, 『포은학연구』 4, 2009.
진성규, 「李承休의 〈賓王錄〉 연구」, 『白山學報』 85, 2009.
김보정, 「여말선초 對明 남경사행로의 분석과 영향」, 『지역과 역사』 27, 2010.
張士尊, 「元末明初中朝交通路線考」, 『鞍山師範學院學報』 10-5, 2008.
史燕龍, 「元代高麗朝貢貢道考」, 『語文學刊』 2009-6, 2009.
森平雅彦, 「高麗における元の站赤」, 『史淵』 141. 2004.
森平雅彦, 「목은 이색의 두 가지 入元 루트」, 『진단학보』 114, 2012.

행되지 않고 있다. 이에 지금까지의 연구 성과를 바탕으로 해명해야 할 몇 가지 문제, 즉 개경과 상도 간의 교통로 및 대도와 상도 간의 교통로, 그리고 원·명교체기 개경과 연경의 교통로에 대해 살펴보고자 한다. 이를 통해 고려의 교통로를 조명하여 양국의 중심지(개경-상도·대도)가 서로 원활하게 연결되어 교류하였다는 사실을 확인하고자 한다.

II. 개경과 상도의 교통로

1235년, 우구데이 칸은 역참 제도를 마련하도록 하였다.[8)] 그리하여 체계적인 역참을 조직하게 된 원은 광대한 영토에서 비교적 단시간에 정보를 전달하고 교통할 수 있었다. 몽골의 역참은 정복과 함께 확장되어 갔다. 몽골은 고려와 강화를 맺으면서 역참의 정비와 역로의 개설을 요구했다. 원종 즉위년(1259) 8월에 몽골은 고려에 역참과 역로의 정비를 요구하였다.[9)] 그러나

---

8) 라시드 앗 딘의 기록에 따르면, "(우구데이)카안은 키타이 왕국들을 정복하고 말해(1234)에 귀환한 뒤 달란 다바스라는 곳에서 집회를 소집하여 쿠릴타이를 개최했다. 양해(1235년)에 그는 자식들과 친척들과 아미르들을 다시 소집하여 그들이 새로이 야사와 명령을 듣기를 원했다. … 통치와 중요사의 처리를 위해 왕자들과 카안의 어전 사이에 사신들의 잦은 왕래가 불가피했기 때문에 왕국들의 정역에 걸쳐 '얌'을 설치하고 그것을 '타얀 얌'이라고 불렀다."고 한다. 라시드 앗 딘, 김호동 역주, 『칸의 후예들』, 사계절, 2005, 84~87쪽.

9) 『高麗史』 권25 원종 즉위년 8월 乙酉, "太孫餞尸羅問尸羅問出也速達牒曰 帝所往來宣使及本處使佐沿路站赤闕少西京以南汝國列置站赤人戶

몽골 측에서도 역로의 정비가 원활하지 않았다. 원종 3년(1262년) 12월에 몽골은 이른바 '육사(六事)'를 통해 다시 역참의 설치를 요구하였다. 결국 이듬해 4월에 우역(郵驛)을 북쪽 국경까지 설치하였음을 알렸다.[10)] 이렇게 하여 양국 간에 역참이 연결되어 교통로가 공식적으로 열리게 되었다.

한편 1259년 8월, 남송 원정 중에 뭉케가 사망하자 이듬해 4월에 쿠빌라이는 대칸에 즉위하였다. 쿠빌라이는 금(金)의 환주(桓州)를[11)] 개평부(開平府)라 하였다가 중통 5년(1264)에 상도라 하였다. 이해 7월, 수도 카라코룸에서 대칸으로 추대되었던 아릭 부케가 쿠빌라이에게 투항하였다. 유일한 대칸이 된 쿠빌라이는 연경을 중도(中都)로 삼고 지원(至元)으로 개원하였다. 1267년부터는 중도 동쪽에 대도 건설을 시작하였고 이때부터 중도가 실질적인 수도가 되었다. 그리고 상도에는 일 년에 한 번 순행하였다.[12)] 쿠빌라이는 1271년(원종 12)에 국호를 '대원'이라 하고 대도로 천도하였다. 이렇게 하여 원의 양경(兩京)이

鋪馬一切所須諸物照依已前設置無得少闕西京以北合用站驛亦宜准備安置"

10) 『高麗史』 권25 원종 4년 4월 甲寅, "遣禮賓卿朱英亮郎將鄭卿甫如蒙古…表曰…其所謂置郵事 雖則民殘而未孚 爲其詔諭而曾設至北境 蘧廬之相屬 如上朝行李之所監"

11) 上都는 내몽고 察哈爾多倫 서북 80리 난하 상류 閃電河畔에 있다. 董鑒泓等 編, 成周鐸 譯, 『中國都城發達史』, 學硏文化社, 1993, 141쪽.

12) 『元史』 권58 지10 上都路, "渠丹地 金平渠丹 置桓州 元初 剌兒部兀魯郡王營幕地 憲宗五年 命世祖居其地…中統元年 開平府 五年 以闕庭所在 加號上都 歲一幸焉 至元二年 置留守司 五年 升上都路總管府 十八年 升上都留守司 兼行本路總管府事 戶四萬一千六十二 口一十一萬八千一百九十一"

완성되었다. 따라서 고려와 원 간의 교통은 주로 개경과 상도, 개경과 대도-상도 간에 이루어졌다.

개경과 상도 간의 교통은 고려가 몽골과 강화를 위해 태자(원종)를 보낸 때로 거슬러 올라간다. 고종 46년 3월, 헌종은 남방을 정벌하러 출정해 조어산(釣魚山, 사천성 합천현 동쪽)에 머물러 있었다. 태자는 우선 연경으로 갔다가 황제가 머물러 있던 처소로 가기 위해 경조(京兆), 동관(潼關), 서안의 화청궁(華淸宮) 등을 지나 육반산(六槃山)에 도착하였다. 그러나 이때는 이미 헌종이 죽고 아릭부케와 쿠빌라이가 대칸의 자리를 두고 대립하고 있었다. 도중에 태자는 쿠빌라이를 만나 함께 개평부로 오게 되었다. 이곳에서 고종이 죽었다는 부고를 전해 들은 태자는 귀국하여 즉위하였다. 태자 시절 원종의 사행은 나중에 원의 수도가 된 개평부에서 개경으로 돌아온 첫 사례였다.

한편 원종 원년(1260) 8월에 대부소경 장계렬과 장군 신윤화가 몽골에서 돌아왔는데, 이들은, "저희들이 새 수도 개평부에 가니 황제께서 '내가 즉위한 후 당신들의 나라가 맨 먼저 와서 축하하니 매우 기쁘다. 왕이 직접 온다는 말을 들었으니 왕이 오는 것을 기다려서 함께 돌아가도록 하라'고 하였습니다. 그래서 저희들은 영안공이 오는 것을 기다리면서 체류하고 있었습니다."고 하였다.[13] 이처럼 쿠빌라이 즉위 후 개평부를 수도로 삼게 되어 고려의 사행은 개경과 상도 간에 이루어

---

13) 『高麗史』 권25 원종 원년 8월 戊申, "大府少卿張季烈將軍辛允和還自蒙古云 臣等詣新都開平府帝曰 朕卽祚後爾國最先來賀多喜多喜聞王親朝待王來可與俱還 臣等留待永安公"

졌다.

그러면 개경과 상도의 교통로는 어떠하였는지 그 경로를 알 수 있는 사례를 정리해 보면 〈표 1〉과 같다.

개경과 상도 간의 이동 경로는 충렬왕 4년(1278) 4월의 사례(①)에 잘 나타나 있다. 이때 충렬왕과 왕비, 세자가 원으로 떠났는데, 호위하는 인원이 1백 90명에 달하는 규모였다.[14] 경로를 보면 개경(4월 갑인)→서경(경오)→의주(義州, 기묘)→요양(5월 병술)→애두참(갑오)→의주(懿州, 정유)→북경[15] 과요관(기유)

〈표 1〉 개경과 상도 간의 경로

	출발	도착	소요일수	경유지	전거
①	충렬왕 4년(1278) 4월 갑인, 개경	10월 중, 상도	58일	개경→서경→의주→遼陽→崖頭站→懿州→北京(大寧) 鍋窯館→香阿→開平府(上都)	『高麗史』
②	충렬왕 6년 8월 신미, 개경	8월 신묘일, 상도	20일	개경→昌義縣→上都	『高麗史』
③	충렬왕 6년 8월 무술, 상도	9월 병인일, 개경	23일	上都→北京(大寧)→개경	『高麗史』
④	충렬왕 20년(1294) 5월 己卯, 상도	8월 乙酉, 개경	66일	上都→(懿州)→瀋州→개경	『高麗史』

14) 충렬왕 10년 4월에 왕과 공주, 그리고 세자가 원에 갈 때는 따라 간 신료들이 1천 2백여 명이었고, 은 6백 30여 근과 모시 2천 4백 40여 필, 楮幣 1천 8백여 錠을 가지고 갔다. 충렬왕 22년 9월에 왕과 공주가 원에 갈 때는 따라 가는 신하가 2백 43명이요 시중하기 위한 부하들이 5백 90명, 말이 9백 90필이었다.

15) 『元史』 권59 지11 지리2 요동등처행중서성, "大寧路…遼爲中京大定府 金因之 元初 爲北京路總管府 領興中府…至元…七年…興中府降爲州 仍隸北京 改北京爲大寧" 『원사』 지리지에는 지원 7년(1270, 원종

에 도달하였다. 그 뒤에 충렬왕 일행은 향아(香阿)를 거쳐 6월 신유일에 개평부에 도착하였다.[16] 개경(갑인)→의주(기묘)까지 26일이, 의주에서 개평부까지는 32일이 소요되었다. 이렇게 시일이 많이 걸린 것은 왕비가 동행하는[17] 대규모 이동이었기 때문이다. 귀국길은 북경, 가주채(嘉州寨)를 지나 동경에 도착했다.[18] 이렇게 본다면 개경과 상도 간 교통의 주요 지점은 요양, 의주(懿州), 北京(大寧) 등이었다.

압록강을 넘으면 이른바 동팔참을 지나[19] 요양에 도착하였다.

---

11)에 북경은 대녕으로 개칭되었다고 하지만 여전히 '북경'으로 불렸다. 『高麗史』 권29 충렬왕 6년(1280) 9월 정묘, "元遣也速達崔仁著 以水韃靼之處 開元北京遼陽路者 移置東寧府"

16) 고려와 상도간의 교통로는 〈지도 1〉 A노선 참조.

17) 충렬왕 7년 4월에 왕비인 제국대장공주는 무려 세 달이 걸려 懿州까지 갔다. 『고려사』 권29 충렬왕 7년, "四月…庚寅 公主如元…七月…乙巳 公主至懿州 帝勑還國"

18) 『高麗史』 권28 충렬왕 4년, "夏四月 甲寅朔 王及公主世子 如元 元傅李汾禧朴恒宋玢康允紹等從行…庚午 王次西京謁聖容殿…己卯 次義州…五月丙戌 遼陽摠管達魯花赤等各獻馬于王…丁亥 北京同知康守衡來獻馬一匹…甲午 次崖頭站…丁酉 次懿州…辛丑 遣前大將軍尹秀 市馬于北京…壬寅 北京達魯花赤康希閔獻馬…己酉 次北京鍋窯館…壬子 中書省遣哥塔及開平府達魯花赤將老等來迎…六月庚申 次香阿 樹林蒙密禽獸所居…辛酉 帝遣皇子脫歡…且設大穹廬于開平府東門外待之…己巳 王及公主謁帝…七月癸卯 王辭歸帝 使薛旦安禿丘護送至北京 又遣脫脫兒等三官人祖送東門外…八月丁丑 王過嘉州寨 値雨 寨人造梁於河以渡之賜督役百戶銀盤役徒銀一斤…己卯 王至東京…九月戊子 王渡鴨綠江…丁酉 命贊成事元傅等祀聖容殿東明平壤木覓廟…乙巳 王與公主至自元 百官班迎于郊"

19) 동팔참은 압록강에서 요양에 이르는 사이에 있던 8참을 말한다. 『高麗史』 권39 공민왕 5년, "五月丁酉 以評理印瑺同知密直司事 姜仲卿爲西北面兵馬使…攻鴨江以西八站…六月癸丑 印瑺引兵渡鴨綠江 攻婆娑

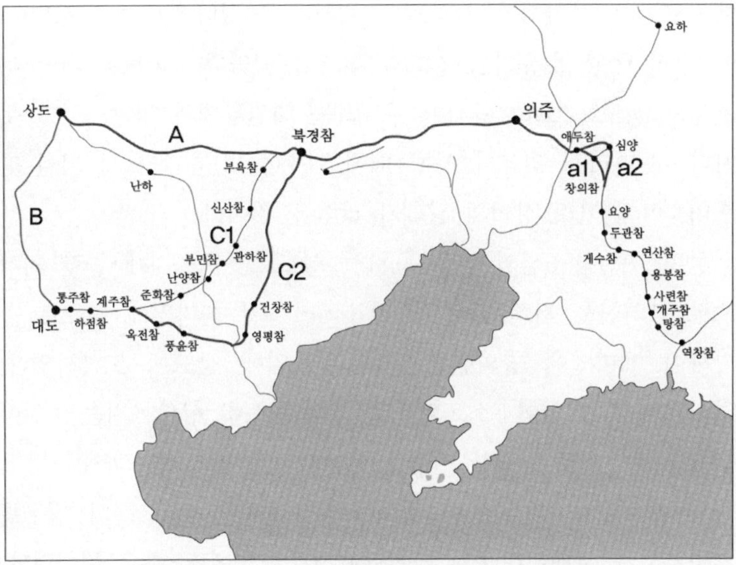

〈지도 1〉 개경·대도·상도간의 교통로

요양에서 북상하여 애두참을 지나 의주(懿州)에 도착했다. 『석진지』를 보면 대도→통주→계주→북경(大寧)→대녕→역안→의주(懿州)→역창 등을 거쳐 애두참에 이르렀다. 의주(懿州)에서 애두참까지는 210리였다.[20] 의주(懿州)는 원(元) 시기에 요양등처

府等三站 破之" 『析津志』에 의하면 8참은 驛昌站, 湯站, 開州站, 斜烈站, 鳳凰站, 連山站, 甛水站, 頭館站 등이다. 이색은 동팔참을 지나 요양, 창의참, 대녕을 지나 북경을 도착하였음이 시에 나타나 있다. 이후의 여정은 통주를 거쳐 대도에 도착했다. 『목은시고』 권2 「歲戊子 陪李政丞〈凌幹〉李密直〈公秀〉 進賀天壽聖節 今以會試之故 得爲書狀 奉謝恩表馳馹赴都 東八站路上 因懷二公 吟成短章」 1일 1참으로 보면 동팔참은 8일 거리였다. 예겸, 『朝鮮紀事』 경태 원년 윤정월 을묘, "一日一站 將西至東八站 無草料處則速行 至遼東"

20) 『永樂大典』 권19426 站 「析津志」, "大都…薊州〈二百二十里至此分四

행중서성이 설치되자 요양로에 속하게 되었다.[21] 의주(懿州)에는 고려 국왕 소유의 해전고와 점포가 있었다. 의주(懿州)의 해전고와 점포는 고려 왕실이 주도하는 대원무역의 거점이었던 듯하다.[22] 따라서 입조나 사행 때에 의주(懿州)를 반드시 거쳐 갔으며, 이에 고려 상인의 왕래가 많았을 것이다.

한편 충렬왕 6년의 경우(②)에는 상도로 가는 길에 중간 지점으로 창의현을 거쳐 갔다. 충렬왕 6년 8월 신미일에 원으로 출발하여 계미일에 창의현을 거쳐 신묘일에 상도에 도착하였다. 창의현까지 12일이 소요되었고 창의현에서 상도까지는 8일이 걸렸다.[23] 한편 충정왕 원년(1349)에 왕후(王煦)는 성절사로 갔다 돌아오다가 병이 들어 창의현에서 졸하였는데, 그의 영구를 요동부사가 보내왔다.[24] 창의현은 요동행성에 소속된 현이었다. 창의현은 요(遼) 시기에 철리주(鐵利州)의 관할 현이었던 창의현

路 一路正東至遵化 轉東北至北京…〉…北京〈今大寧〉…北京至〈北分二路…一路正東行至驛安〉…驛安〈正南百二十〉 懿州熊山〈百一十〉 驛昌〈一百〉 崖頭〈正東百二十〉"

21) 『元史』 권59 지11 지리2 요동등처행중서성, "遼陽路…領縣一 州二…懿州 初爲懿州路 至元六年 爲東京支郡 所領豪州及同昌靈山二縣 省入順安縣 入本州" 『遼東志』에 따르면 懿州는 廣寧 북쪽 220리에 있었다고 한다. 『遼東志』 권1 지리지, "廢懿州〈在廣寧城北二百二十里 遼置及置廣順軍…永樂八年廢〉"

22) 懿州에는 馬 시장이 있었다. 『고려사』 권29 충렬왕 9년 3월 辛酉, "市馬于懿州"

23) 『고려사』 권29 충렬왕 6년 8월, "辛未…王如元…癸未 王次昌義縣…辛卯…王至上都"

24) 『동문선』 권125 李仁復 「鷄林府院大君贈諡正獻王公墓誌銘」, "至正己丑春 有國大臣僉議政丞王公 入賀聖節于京師 秋七月癸巳 還至昌義縣 以疾卒 遼東部使者 傳歸其柩"

으로[25] 『석진지』에 있는 창의참(彰義站)으로 추정된다.[26] 창의참 경로는 심주(瀋州)를 통과하지 않고 가는 길이었다. 『석진지』에 따르면 창의참에서 두 갈래로 길이 나누어지는데 심주 서쪽에 창의참이 있었다.[27] 창의참에서 심주로 가거나 창의참에서 심주를 통과하지 않고 고려의 동선역(洞仙驛)을 향해 갔다.[28]

〈표 1〉 ①·③의 사례를 보면 상도의 왕래에서 북경 과요관 또는 북경을 거쳐 갔다. 북경은 요동으로 가는 거점이었다. 북경은 금대(金代) 북경로의 치소로 요동 방면의 전략적 요충지였다.[29] 따라서 북경은 몽골의 요동 점령 과정에서 매우 중요시 되었다. 요서 정벌에 참여한 탑본(塔本)이 1212년에 북경행성도원수가 되었는데, 북경은 사방으로 통하는 요충지라 하였다.[30]

살길사(撒吉思)는 세조가 즉위하였을 때(원종 1, 1260)에 북경선무(北京宣撫)가 되어 요동을 안정시켰다고 하며, 홍찰홀(洪察忽)을 상도로 압송할 때 북경선무로서 사실을 파악하여 그를

25) 『遼史』 권38 지리지2 동경도, "太祖遷渤海人居之鐵利州 統和八年省開泰七年 以漢戶置 統縣一 昌義縣"

26) 위은숙, 앞의 논문, 2006, 496쪽.

27) 『永樂大典』 권19426 「析津志」, "懿州熊山〈百一十〉 驛昌〈一百〉 崖頭〈正東百二十〉 彰義〈自次分二路 一路正東至瀋州 一路正東偏南至洞仙〉 彰義〈正東〉 瀋州" 〈지도 1〉 a1, a2 참조.

28) 심주를 통과하거나 우회하는 두 개의 길이 있었음은 위은숙, 「13 · 14세기 고려와 요동의 경제적 교류」, 『민족문화논총』 34, 2006, 497쪽 및 森平雅彦, 앞의 논문, 2012, 167쪽.

29) 『元史』 권163 열전 趙炳, "命判北京宣撫司事 北京控制遼東 番夷雜處"

30) 『永樂大典』 권13993, 廉惇 「伊吾盧氏世系狀」, "歲壬申 扈從大駕入中都 奉旨從哈撒兒大王撫北京諸城郭…是年授金虎符 鎭撫北京行省都元帥 便宜行事 其管內 北際沙漠 西南接趙地以及畿甸 而東至于高麗"

풀어주었다.[31] 이러한 사실은 북경이 요동 지방으로 나아가는데 중요한 지점이었음을 말해준다. 그리고 북경 과요관은 『사요어록(使遼語錄)』의 나오는 과요관(鍋窯館)과 같은 곳으로 추정된다. 과요관은 요(遼)의 중경대정부와 상경임황부 사이에 있었다.[32] 『석진지』를 보면 길은 의주(懿州)→역안(驛安)→북경으로 이어졌다.[33] 그리고 북경을 통해 대도로도 갈 수 있었다.[34] 공민왕 2년(1353) 10월에 이색은[35] 서경→안주강→의주참→동팔참→료양로→창의참→대녕→북경→통주→대도의 경로로 갔다. 이처럼 개경과 상도 간 교통의 주요 경로는 요양→창의현(창의참)→의주(懿州)→북경(대녕)→상도 등이었다. 이 길은 심주를 거쳐 가지 않았다.

〈표 1〉의 사례 ④를 보면 심주를 거쳐 가고 있다. 충렬왕 19년 10월, 원으로 출발하여 12월에 연경에 도착하였으며 이듬해에도 원에 머물러 있었다. 이해 정월에 세조가 죽자 4월에 상도로 가서 황태자(성종)의 즉위식에 참가하였다. 5월 기묘에 상

31) 『元史』 권134 열전21 撒吉思, "世祖卽位…授北京宣撫…鋤奸抑强 遼東以寧 會高麗有異志 帝遣使究治 則委罪於其臣洪察忽 械送京師 道遼東 撒吉思 訪知洪察忽 以直諫迕意 則奏疏爲直其事 帝命釋之"

32) 森平雅彦, 앞의 논문, 2012, 179쪽.

33) 『永樂大典』 권19426 站 「析津志」, "北京至〈北分二路…一路正東行至驛安〉…驛安〈正南百二十〉 懿州熊山〈百一十〉 驛昌〈一百〉 崖頭〈正東百二十〉"

34) 『析津志』에 의하면 대도에서 북경까지는 대도→계주→遵化→난양→부민→관하→신산→부욕→북경, 대도→계주→옥전→영평→건창→상란→대고→신점→목사→첨수→가점→성자→북경 등의 두 역로가 있었다. 〈그림 1〉의 C1, C2 참조.

35) 『고려사절요』 권26 공민왕 2년(1353) 10월 "軍簿判書金希祖 賀册太子 以李穡充書狀官 應擧擢制科"; 『목은시고』 권2.

도를 출발하여 6월 무신에 심주에 도착하였고, 8월 을유에 돌아왔다. 그런데 요양과 심주 사이의 조빙로는 이미 원종 14년(1273) 윤6월의 이승휴 사행에서 확인된다.[36] 이승휴는 동경→심주→악두참[37]→신산현 등을 통해 갔다. 충렬왕 5년 6월에 도평의사에서 황제의 명에 따라 심주와 요양 사이에 이리간[38]을 두어 각 도의 부유한 백성 2백 호를 옮기고, 압록강 이남에도 이리간 2개소를 두되 각각 1백 호씩으로 정하여 조빙에 필요한 역사(役使)를 시키자고 건의하였다.[39] 심주와 요양 사이에 둔 이리간은 황제가 하사한 땅에 설치한 것으로 영성이리간이라 하였다. 영성(營城)은 요양과 심주 사이에 있었음을 알 수 있다.[40] 영성이리간을 둔 것은 요양에서 북상하여 심주를 거쳐 가는데 편의를 제공하기 위해서였다. 따라서 이후로는 심주를 경유하는 일이 늘어났을 것이다.

한편 충렬왕 20년 10월에 의주(懿州)의 호천궁 도사(道士)가 왔는데, 왕이 초청한 것이라고 하였다.[41] 이는 충렬왕이 귀국

---

36) 『동안거사집』 권4 「빈왕록」 참조.

37) 渥頭站은 '涯頭驛'(『고려사절요』 권23 충렬왕 32년 9월), '崖頭站'(『析津志』)과 같은 곳으로 추정된다.

38) '伊里干'은 '부락'이라는 뜻이다. 『고려사절요』 권20 충렬왕 5년 3월, "分管諸道鷹坊 招集逋民 稱爲伊里干 伊里干 華言聚落也"

39) 『고려사』 권29 충렬왕 5년 6월 계묘, "都評議使據聖旨 請於潘州遼陽間 置伊里干 徙諸道富民二百戶居之 又於鴨綠江內 置伊里干二所 所各一百戶 以供朝聘役使 從之"

40) 『고려사』 권82 兵2 참역, "忠烈王…五年六月 都評議使言 今年正月帝令 於朝聘路次 置伊里干 以供役使 尋遣塔伯海等 就瀋州遼陽之間 撥與土田 摽定四至 其鴨綠江內 令本國 自置兩所 今請於所賜之地 名營城伊里干者 刷各道富民二百戶 徙居之"

41) 『고려사』 권31 충렬왕 20년, "春正月壬子朔 王在元…癸酉 世祖皇帝

길에 의주(懿州)의 호천궁을 방문하였고, 이때 도사를 초청하였던 것으로 보인다. 즉 충렬왕은 상도에서 귀국하면서 의주(懿州), 심주를 경유하였던 것이다. 이처럼 개경·상도 간 교통의 다른 경로는 요양→심주→의주→북경(대녕)→상도 등이었다.

요컨대 개경에서 상도의 교통로는 심주를 거쳐 가는 길과 심주 서쪽의 창의현(창의참)을 지나는 경로가 있었다. 즉 의주→요양→창의현(창의참)→애두참→의주(懿州)→북경(대녕)→상도 등의 길과, 요양→심주→애두참→의주(懿州)→북경(대녕)→상도 등의 두 갈래 길이었다. 요양에서 심주로 갈 때는 창의현(창의참)을 지나가지 않았다. 요양과 심주 사이에 '공조빙역사(供朝聘役使)'를 위해 이리간을 두었다. 요양과 심주 사이에 이리간을 둔 것은 심주를 거쳐 가도록 하기 위한 것이고 이는 곧, 심주를 경유하여 상도로 가는 편의를 제공하기 위한 것이었다. 이렇게 하여 요양→심주가 또 하나의 '조빙로'가 되었다. 그런데 상도까지의 경로는 이른바 조선의 연행로 보다 훨씬 북쪽을 통과해 가는 길이었다. 즉 압록강을 넘어 요양을 거쳐 북위 42도 상에 있던 심주까지 북상한 후 북위 42도선을 따라 서행하여 의주(懿州)를 거쳐 북경(대녕)을 지나 북상하여 상도에 도착하였다.

그러면 북경에서 상도까지의 교통로는 어떠하였을까. 『석진지』에는 다음과 같이 나와 있다.

崩…夏四月癸巳 王與公主 如上都 迎皇太子…甲午 皇太子卽皇帝位 是爲成宗…五月己卯 王與公主 發上都…六月…戊申 王至瀋州 帝册公主封安平公主…八月乙酉 王至自元 冬十月 丙戌 元懿州昊天宮道士顯眞大師韓志溫與其徒李道實李道和尹道明來王賜號志溫圓明通道洞玄眞人道實定智玄明講經大師賜宅一區乃王招之也"

① 대녕〈북경 80리 정북〉, 은주〈80리〉, 화도〈80리〉, 구군〈동북 30리〉, 고주〈정북〉, 아목가대왕부

② 상도〈정동북 20리〉, 상도(上道)〈130리〉, 칠개영〈120리〉, 첨산채〈정동 조금 남쪽 160리〉, 용천〈정동 120리〉, 신점〈여기에서 두 길로 나뉜다. 한 길은 정동에서 조금 남쪽 15리를 가면 송주에 도착한다. 다른 한 길은 정동쪽 조금 남쪽으로 110리를 가면 오가보와 주군도와 합해진다.〉

①은 대녕(북경)에서 고주(高州)를 거쳐 아목가대왕부(阿木哥大王府)까지, ②는 상도에서 동북쪽으로 북상하여 신점(新店)까지 가는 역로이다. 신점에서 이로(二路)로 나뉘어지는데 1로는 송주에 이르고, 다른 1로는 오가보와 구군에서 길이 합해진다. 즉 신점의 갈림길은 구군로 이어지고, 구군은 ①에서 대녕과 고주 사이에 있다. 따라서 이를 정리해보면 ①대녕(북경)→은주→화도→구군→②신점→용천→첨산채→칠개영→상도→상도 등의 길이 된다. 고려 사신도 이 역로를 이용하였을 것이다.

그런데 『석진지』 상의 역로, 대녕(북경)→구군→신점→상도의 길은 북경에서 북상하여 거의 고주까지 갔다가 다시 서쪽으로 하여 상도에 이르는 우회로였다. 의주(懿州)에서 북경으로 돌아가지 않고 고주 북쪽을 가는 직로도 있었다. 안경무양왕 예수데르(也速解兒)의 신도비에 따르면,

지원 27년(1290)…요양행성의 치소는 의주(懿州)에 있다. 북경에서 상도에 이르는 역도가 너무 멀리 돌아갔다. 이에 왕은 (역도를) 고주 북쪽으로 옮겨 5개의 역을 줄였다.[42)]

라고 하였다. 북경에서 상도에 이르는 역도가 너무 멀리 돌아가므로 역도를 고주 북쪽으로 옮겼다고 하였으니 이 길은 북경을 거치지 않고 의주(懿州)에서 고주 북쪽을 지나 상도로 가는 직로임을 알 수 있다. 이 길을 고려인이 이용하였는지는 확인되지 않는다.

그러면 개경에서 상도까지는 얼마나 소요되었을까. 원종 15년에 이승휴는 22일을 걸려 상도로 갔으며 귀국길은 36일이 소요되었다.[43] 충렬왕 6년의 왕복 일수는 20일~23일인 것으로 보아 두 도시 간의 이동 일수는 대략 20여 일이 걸렸을 것이다. 그러나 충렬왕 4년과 충렬왕 20년의 사례를 보면 두 달이 소요되는 경우도 있었다. 충렬왕 26년(1300) 4월 무오일에 왕이 조상(弔喪)하기 위해 원으로 떠나 6월 임자일에 상도에 도착했으니 55일이 소요되었다. 그리고 7월 임진일에 상도를 출발하여 윤8월 신사일에 돌아왔으니 49일이 걸렸다.[44] 충숙왕 3년(1316) 2월 경인일에 원으로 출발하여 6월 무자일에 상도에서 황제를 예방하였으니 58일이 소요되었다.[45] 이렇게 본다면 개경과 상도는 빨리 가면 약 20여 일 거리였고, 대규모의 행차 시에는 거

---

42) 黃溍, 『金華黃先生文集』 권24 「江浙行中書省平章政事贈太傅安慶武襄王神道碑」, "(至元)二十七年 武平地大震…遼陽行省治懿州 驛道自北京至上都頗迴遠 王因奏請徙由高州以北 而減去五驛"

43) 『동안거사집』 권4 「빈왕록」.

44) 『고려사』 권31 충렬왕 26년, "夏四月庚戌 遣同知密直司事薛景成如元弔皇太后喪…戊午 王如元弔喪…六月壬子 王至上都謁帝于椶殿仍獻方物…七月壬辰 王發上都…閏八月庚辰 王次金郊賜宋玢几杖…辛巳 王至自元"

45) 『고려사』 권34 충숙왕 3년, "春二月庚寅 王如元…六月戊子 王謁帝于上都"

의 두 달이 소요되었다. 이에 비해 개경과 대도 간의 교통에는 얼마의 시일이 소요되었을까.

원종 14년(1273) 윤6월 9일에 개경을 출발한 이승휴는 8월 4일에 연경에 도착하였으니 56일이 걸렸다.[46] 충렬왕 23년 3월 신미일에 왕과 공주가 연경을 출발, 5월 정묘일에 개성에 돌아왔으니 56일이 소요되었다. 충렬왕 4년 12월에 입조할 때는 시일이 훨씬 짧았다. 충렬왕은 신묘일에 출발하여 병신일에 압록강을 건너 정미일에 연경에 도착했으니 16일이 소요되었다.[47] 물자를 이동해야 하는 상인의 경우에는 이보다는 훨씬 지체되었다. 『노걸대』를 보면 고려 상인은 초하루에 개경을 출발해 연경으로 갔는데 보름만에야 요동에 도착했고 같은 달 말에는 북경에 도착할 수 있으리라고 생각했다.[48] 이처럼 『노걸대』에서는 개경에서 연경까지 한 달 여정을 잡고 있다. 이는 『통문관지』에서 28일이 소요된다고 한 것과 비슷하다.

요컨대 개경과 상도는 속행하면 약 20일 정도의 거리였고, 대규모의 행차 시에는 거의 두 달이 소요되었다. 이에 비해 개경과 대도 간의 교통은 짧게는 16일 정도 걸렸다. 개경과 상도가

---

46) 『동안거사집』 권4 「빈왕록」.

47) 충렬왕이 훙하자 충선왕은 10여 일만에 온 사례도 있지만 이는 아주 극히 드문 경우에 해당한다. 『고려사절요』 권23 충렬왕 34년 8월 壬子, "前王自元來奔喪 王在途星行十餘日乃至 詣殯殿 入哭設奠"

48) 정광, 『역주 번역노걸대와 노걸대언해』, 신구문화사, "我從高麗王京來 如今那裏去 我往北京去…我這月初一日離了王京 既是這月初一日離了王京 到今半箇月 怎麽纔到的這裏 我有一箇火伴 落後了來 我沿路上慢慢的行着等候來 因此上 來的遲了…你這月盡頭 到的北京麽 到不得…天可憐見 身己安樂時 也到"

개경과 대도보다 몇 일 더 소요되는 장거리 여정이었다.

Ⅲ. 대도와 상도의 교통로

원 세조는 상도에 도읍하고 대도(연경)를 건설하여 양도(兩都)를 운영하였다. 상도는 난하 북쪽의 개평부로 난경(灤京), 난도(灤都)라고도 하였다. 대도 천도 이후 원 황제는 1년에 한 번씩 상도에 순행하였다. 상도는 하도(夏都), 대도는 동도(冬都)가 되었다. 초기에는 2·3월에 대도를 떠났다가 이르면 8월 늦으면 10월에 되돌아오는 경우가 많았다. 인종(1311~1320) 이후에는 4월이면 상도에 갔다가 8·9월에 대도로 되돌아왔다. 일 년 중 거의 6개월 가량을 상도에 체류했다.[49] 대도와 상도는 약 270km 가량 떨어져 있었는데, 대도와 상도 간에는 세 갈래의 길[50] 혹은 4개의 길이 있었다.[51]

---

49) 김호동, 「몽골제국 군주들의 양도순행과 유목적 습속」, 『중앙아시아연구』 7, 2002, 15~16쪽.

50) 라시드 앗 딘은, "카안은 다이두(大都)에서 50파르상[약 270km] 떨어진 곳에 있는 하영지 카이민푸(開平府)에 궁전 건물을 지으라고 명령했다. 동영지(大都)에서 그곳까지는 길이 세 갈래 있다."고 하였다. 라시드 앗 딘, 김호동 역주, 『칸의 후예들』, 사계절, 2005, 411쪽.

51) 대도와 상도를 오가는 순행의 루트와 역참에 대해서는 陳高華·史衛民, 『元上都』, 吉林教育出版社, 1988; 葉新民, 『元上都研究』, 內蒙古大學出版社, 1998; 黨寶海, 『蒙元驛站交通研究』, 崑崙出版社, 2006; 김호동, 「몽골제국 군주들의 양도순행과 유목적 습속」, 『중앙아시아연구』 7, 2002. 참조.

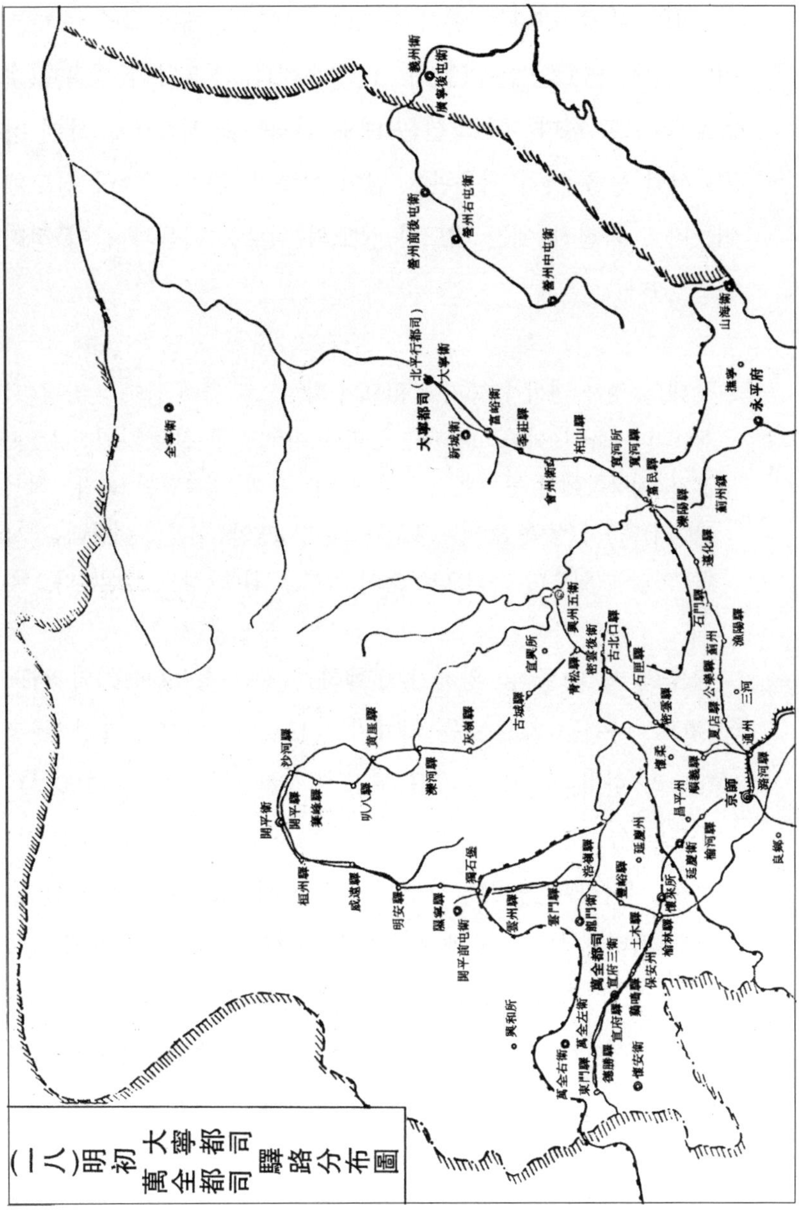

〈지도 2〉 명대 북경과 개평의 역참(『明代驛站考』)

4개의 길 중 하나는 정식 역도(驛道)이고 3개는 특수한 도로이다. 정식 역도는 운주(雲州, 구 망운현)을 경유하여 '망운도(望雲道)'라고도 한다. 이 노선은 대도 건덕문을 시작으로 하여 창평, 신점 등을 거쳐 거용관을 넘어 이릉대, 환주를 지나 상도에 이른다. 『석진지』에는 대도와 상도의 역로를 다음과 같이 정리하고 있다.

> 대도〈정북 정서쪽 36리에 있으며 화림으로 들어 간다.〉 창평〈서북 80리〉 유림〈서쪽으로 가면 통막에 이르고 두 길로 나눠진다.〉… 홍찬〈정북쪽에서 동쪽으로 돌아 80리〉 조와〈정북편동 80리〉 적성〈80리〉 독석〈동북 80리〉 우군두〈60리〉 명안〈60리〉, 이릉대〈정서쪽 36리에 있으며 화림으로 들어 간다.〉 환주〈상도에 이른다.〉[52]

특수한 세 대로 중 황제가 순행하는 길은 동도(東道)와 서도(西道)로 나뉘는데, 동도는 황제가 상도로 가는 길로 속칭 '연로(輦路)'라 한다. 이 길은 흑곡(북경 연경현 서북)을 지나므로 '흑곡동도(黑谷東道)'로도 칭한다. 동도는 대구(大口, 북경 해정 북)쪽에서 시작하여 용호대(창평현 서북), 사령(고원현 풍원점) 등을 지나간다. 서도는 황제 일행이 돌아오는 길로 정곡점(鄭谷店)에서 동도와 갈라졌다가 규두[嬀頭, 봉퇴점(棒槌店)]에서 다시 동도와 합류하여 대도에 이른다. 네 번째는 감찰관원과 군대가

---

52) 『永樂大典』 권19426 站 「析津志」, 대도와 상도간의 역참을 명대(明代)에도 확인된다. 〈지도 2〉 참조. 楊正泰, 『明代驛站考』, 상해고적출판사, 129쪽.

사용하는 길로 고북구를 지나 갔다.[53]

한편 이곡(1298~1351)은 충목왕 원년(원 지정 5년, 1345)에 상도로 순행하는 황제를 호종하였는데,[54] 대도에서 상도에 이르는 길에서 연작시를 지어 「난경기행(灤京紀行)」이라 하였다. 여기에는 「거용관」, 「도중」, 「이릉대」, 「난경 이수」, 「종전대회」, 「난경송별일수 용민급암시운」, 「발란경」 등 8수가 있다.[55] 이를 통해 대도에서 상도에 이르는 길을 알 수 있다.

「거용관」은 "연운의 옛 관문"으로 "산 사이에 길"이 있고 "황제의 순행로"[56]의 첫 지점이었다. 거용관은 "연운을 지키는 천험의 요새 옛 관문"으로 "황제의 수레가 해마다 이곳을 왕래한다"[57]고 하였다. 거용관은 『석진지』에서 언급한 창평과 유림 사이에 있었다. 거용관을 지나 역로를 따라 운주를 향해 갔다.[58] 운주를 지나 북상하면 이릉대에 도착하였다. 이곳에 이릉의 무덤이 있었고[59], 역참 역시 이 유적에 따라 이릉대라 하였다. 이

---

53) 黨寶海, 『蒙元驛站交通研究』, 崑崙出版社, 2006, 283~285쪽.

54) 『稼亭集』 「稼亭先生年譜」, "至正元年辛巳 賫征東省賀改元表赴京師因留居…至正五年乙酉 扈駕上都"

55) 『稼亭集』 권18 「灤京紀行」

56) 『稼亭集』 권18 「灤京紀行」 「居庸關」, "燕雲有古關…崎嶇細路兩山間…黃屋年年此往還"

57) 『稼亭集』 권18 「灤京紀行」 「居庸關」, "天限燕雲有古關 崎嶇細路兩山間 太平此日車方軌 黃屋年年此往還"

58) 『稼亭集』 권18 「灤京紀行」 「途中」, "夏日雲州道…山藏驛路深"

59) 李陵臺는 이릉의 무덤을 말한다. 이릉은 漢 武帝 때 흉노를 정벌하기 위해 출전했다가 흉노의 單于에게 투항하였다. 이릉은 20여 년 동안 이나 우대를 받으며 살다가 병사하였다. 『漢書』 卷54 열전 「李廣蘇建」傳 참조.

곡은 이릉대를 지나 난경(상도)에 들어섰다. 이곡은 『석진지』의 역로를 따라 왔던 것이다.

이곡은 난경을 주제로 시 2수를 지었다. 난경은 쿠빌라이가 즉위 한 뒤에, 만세의 기틀을 마련한 신경(神京)으로 대도와 함께 "양도(兩都)"를 이루었다고 하였다. 그리고 난경은 "세조가 천명을 받아 즉위하신 곳"으로 "유병충이 계획하여 도읍을 건설"했다고 하였다.[60] 이곡이 순행을 따라 난경에 온 때는 6월이었다.[61] 이에 이곡은 이곳 날씨가 매우 상쾌하고 지금 대도는 무더위가 한창일 것이라 하였다.

한편 난경에서 송별시 한 수를 민급암(민사평, 1295~1359)의 시운을 써서 지었다. 이곡은 새벽의 전별연에서 난경 백 리에 펼쳐진 멋들어진 풍경을, 민사평이 옛 것을 좋아하여 시로는 대적할 만한 이가 없으니 이 장관을 자세히 전해달라고 하였다.[62] 아마 이때에 민사평이 사신으로 와 있었던 것으로 보인다. 고려 사신은 대도를 통해 상도로 가는 경우가 빈번히 있었다. 다음은

---

60) 『稼亭集』 권18 「灤京紀行」 「發灤京」, "世祖膺圖處 劉公定鼎謀"
『元史』 권157 列傳54 劉秉忠, "中統元年 世祖即位…初 帝命秉忠相地于桓州東灤水北 建城郭于龍岡 三年而卒 名曰開平府 繼升爲上都 而以燕爲中都 四年 又命秉忠築中都城 始建宗廟宮室 八年 奏建国號曰大元 以中都爲大都"

61) 지정 5년에 순제가 상도에 몇 월에 갔는지는 『원사』에 나와 있지 않고 8월에 돌아온 사실만 기록하였다. 『元史』 권41 순제 지정 5년 8월, "是月 車駕還自上都"

62) 『稼亭集』 권18 「灤京紀行」 「灤京送別一首 用閔及菴詩韻」, "曉餞城東露浥筵 灤京百里好風煙 家家駿馬便弧矢 處處高樓鬧管絃…及菴好古詩無敵 壯觀應須子細傳"

이러한 사정을 잘 보여 주고 있다.

> 지금은 내가 또 연경에 와 있는데, 본국에서 배신을 보내 천수절을 축하하였는데 내옹(배운견)이 또 문한에 선발되어 표문을 받들고 대궐에 오게 되었다. 이때 마침 거가가 순행하는 때라서 이미 관(關)을 넘어갔다. 내옹이 사신 일행과 함께 길을 따라 북상하여 행궁에서 황제를 알현하였다. 마침내 난경까지 따라가 몇 개월 동안 머물렀고 연도에 돌아온 뒤에도 다시 몇 개월 동안 머물렀다. 내가 또 그와 함께 노닐게 되었는데, 내옹의 사람됨은 옛날과 전혀 다름이 없었다. 사신 일행이 모두 돌아간 뒤에도 내옹은 혼자 남아 뭔가 할 일이 있는 사람처럼 몇 개월 동안이나 머물러 있었다.[63]

성절 사신으로 연경에 왔던 배윤견은 마침 거가가 상도로 순행하게 되자 난경까지 갔다가 거기에서 몇 개월을 머물다가 다시 연도에 돌아왔다.

요컨대 이곡의 「난경기행」에 따르면 대도에서 거용관을 통과해 상도로 갔다. 이곡은 6월에 대도를 출발하여 운주도의 역로를 따라 북상하여 이릉대를 지나 상도에 도착하였다. 이곡의 「난경기행」에서 알 수 있듯이 여름 수도인 상도는 대도와 역로로 연결되어 있었다. 이는 『석진지』를 통해서도 확인된다. 그리고

63) 『稼亭集』 권7 「乃翁說 送裵君允堅東歸」, “今予又在都下 而本國遣陪臣賀天壽節 乃翁選於文翰 捧表赴闕 時車駕時巡 已踰關矣 乃翁與其使輔 間關北上 用賓于帳殿 遂從至灤京 居數月 旣還燕都 又居數月 予又與之遊 其爲乃翁 固自若也 其使輔皆已歸 乃翁獨留 若有所爲者又數月矣”

대도로 왔던 고려 사신들은 황제가 상도로 순행하였을 때는 역로를 이용해 상도까지 갔다.

Ⅳ. 원·명 교체기 개경과 연경의 교통

가정 이곡은 개경에서 대도까지는 겨우 4000리밖에 되지 않으며, 길이 위험하거나 막힐 염려도 없고 상인과 여행객의 발걸음도 밤낮으로 끊이지 않는다고 하였다.[64] 이곡의 표현대로 국왕의 입조, 사신과 상인, 그리고 방문객 등의 왕래가 빈번했다. 그러나 개경과 대도 간의 교통은 공민왕 17년에 명이 대도를 함락하면서 단절되었다.[65] 명이 대도를 함락하고 상도로 진격하였지만 아직 요동까지는 장악하지 못하고 있었다. 공민왕 20년(1371) 4월에야 명에서는 금주, 복주, 개주, 해주 등지를 회복하였음을 알려 왔다.[66] 이렇게 하여 종전대로 요동을 통과하는 육

---

64) 『稼亭集』 권9 「送白雲賓還都序」 "王京去京師才四千里 又無道途危險梗澁之虞 傳遽往來絡繹 而商旅之行 日夜不絶…塗陽白雲賓少業儒 嘗由廣寧學正 爲儒官都下 至元丁丑 除王京教授 告于都堂 得援例乘驛赴任" 조선후기의 연행록 『聞見雜記』에서는 3126리라고 하였다. 하루 100리로 보면 약 한 달 여정이 된다. 『聞見雜記』 상, "燕京路程…通計三千一百二十六里"

65) 『고려사』 권41 공민왕 18년, "正月 辛丑 遼陽省納哈出及平章洪寶寶遣使來聘 三月癸卯 元遣使進王爲右丞相 甲寅 遣同知密直司事王重貴如元賀聖節又謝恩表曰…當天弋月捷南土恨未報於分毫値龍馭冬巡上都誠不辭於糜粉"

66) 『고려사』 권43 공민왕 20년 4월 무술. 명은 이해 7월에 定遼都尉를

로의 이용이 가능하게 되었다. 그리하여 고려는 요동을 통한 사행을 명에게 요청하였다. 같은 해 11월, 명에 보낸 자문에 "우리나라와 귀국 수도 사이에는 바닷길이 대단히 멀고 일기가 추워지고 물이 얼어서 배가 출범하기 어려우므로 진하(進賀)의 기일을 어길 우려가 있다. 그런데 금주와 복주 등지는 해로가 조금 가깝고 역로가 통하므로 요동을 경유하면 기일 내에 당도할 수 있다. 지금 한방언을 보내 요동 도사를 거쳐 귀국 서울에 가서 진하하려 한다. 황제에게 보고하여 이렇게 시행되도록 하여 주기를 바란다"라고 하였다. 이때 고려는 요동반도에서 산동반도를 건너가는 수 · 육로 겸용 노선을 요청하였다. 공민왕 21년(1372) 3월 하평촉사(賀平蜀使)의 귀국을 계기로 요동반도에서 산동반도를 건너가는 수 · 육로 겸용 노선이 열리게 되었다.[67] 그러나 이것은 일시적인 것으로 명은 이후에도 요동 육로를 허락하지 않았다. 공민왕 22년(1373) 2월에 판서 장자온을 파견하여 요동 육로를 요청하였지만 "산동의 새로 귀의한 백성들이 고려 사신을 환영하지 않는다"는 이유로 들어주지 않았다.[68]

고려는 계속해서 요동으로 사람을 보내 요동 육로의 요청하지만 명에서는 육로 사행을 금지하였다. 공민왕 22년(1373) 6월에 찬성사 강인유, 서장관 정몽주 등이 가져온 명의 자문에서 그 이

설치하였고, 2년 뒤에는 遼陽府縣을 두었다. 『明史』 권41 지17 지리2 요동도지휘사사, "洪武四年七月 置定遼都衛 六年 置遼陽府縣"

67) 명과의 해로 교통에 대해서는 박현규, 「高麗 賀平獨使의 수로 교통」, 『포은학연구』 4, 2009 참조.

68) 『고려사』 권44 공민왕 22년 2월 경인.

유를 짐작하게 한다.

작년 신년 축하 사신 한모[69]는 4개월이 걸려서 도착하였다. 네가 왜 늦게 왔느냐고 물으니 바람이 좋지 못하여 오지 못하였다고 하였다. … 육로로 와 가지고 그가 해로로 돌아가려고 하였다. 내가 보니 산동 일대의 병선과 군마의 동정을 보게 하려는 것이다.

금년의 신년 축하 사절은 4개월 전에 도착하였다. 어쩐 일인지는 몰라도 본격적으로 정탐하기 시작하였다. 전자에 배 1척은 7일만에 도착하지 않았는가. 나의 이 용강은 일마다 다 이렇다. 그런데 성(姓)이 이(李)인 화자(火者)는 달달(達達)과 회회(回回) 등 여러 색목인과 함께 와서 장사를 하는 척하면서 정탐을 하였다. 이(李)는 두세 번 왔던 자이다. … 너희는 요동 등지에 사람을 보내 오왕과 서로 음식을 주고받았으며 또 나하주의 도배를 끼고 들어와서 우리 군영 일을 엿보았고 정보를 제공하여 우리 우가장의 마량 10만 담을 약탈당하고 군마 3천을 잃게 하였다. … 또 서총병과 교제를 하니 이것은 북평부에 있는 군관들의 행동을 탐지하려는 것이다. … 너희는 태창에 가서 3개월 이내로 바람이 좋거든 돌아가라. … 등주로 가서 바다를 건너라. 3일이면 건너간다. 앞으로는 해상으로 오지 말라. 내가 지금 정해(靜海)를 하고 있다. 해로로 오면 내가 허락하지 않는다. 만약 바다로 오는 자가 청렴하고 재주 있는 자라면 작은 배에 실어 보내라. 그러면 내가 허락할 것이다. 탐욕스러운 자는 보내지 말라. 앞으로는 그 외의 사람은 바다로 통행하지 말라고 너희 국왕에게 말하여라.[70]

---

69) '韓某'는 韓仲禮이다. 『高麗史節要』卷29 공민왕 21년 6월, "六月, 下政堂文學韓仲禮于巡軍, 初仲禮 買闌秀山賊人唐船 帝聞之曰 宰相不當買賊船 宜速推還 至是 其船已破 乃令仲禮修之"

명에서는 요동을 거쳐 오는 것이 중원 정세를 염탐하고 원의 잔존 세력과 연합을 꾀하려는 것으로 의심하였다. 명이 이렇게 의심하는 것도 무리는 아니었다. 고려는 나하록과 계속 관계를 유지하고 있었고[71] 명과 적대적인 반적(叛賊) 진군상이 고려에 도망 와 있었다.[72] 이렇게 볼 때 명이 고려를 의심하는 것은 어느 정도 사실에 근거하고 있었다. 고려 사신이 사행 중에 정세를 염탐한 것도 사실이었을 것이다.[73] 이에 명은 고압적인 태도

---

70) 『高麗史』 권44 공민왕 22년 7월 壬子, "贊成事姜仁裕同知密直司事金湑成元揆版圖判書林完及洪師範書狀官鄭夢周等回自京師…去年正朝使臣姓韓的四箇月到來　姅爲甚麽遲來風汛不好不曾來的…因此上旱路里來了他可要海路裏回去　我不曾著去正意　看我那山東一帶船隻軍馬動靜　今年正朝使臣四箇月前到來　不知怎的的是正意來打細　前者一隻船七日到來　我這龍江件件事都如此姓李的火者并達達回回諸色人都來推做買賣打細　李火者來了兩三番也…恁每使人遼東等處與吳王相擡茶飯并布一百匹　茶飯吃了布子不曾收回　與將去了筭起來每匹布該米三嘪　通計三百嘪兀的也是錢糧那里　是把茶飯正意打細　恁將著千餘匹馬來販賣又夾帶著納哈出的伴當來看我軍營裏事恁透與他消息搶了我牛家莊馬頭十萬糧更折了三千軍馬…又與徐揔兵擡茶飯　不是眞意故意　打聽北平府軍官事跡姅那般小見識…恁這幾箇官人每姓甚去年姓洪的海面上壞了船隻見海上難過有許多艱難　與恁船隻脚力教恁官人每往登州過海三个日頭過的　今後不要海裏來　我如今靜海有如海裏來呵我不荅應　恁如海裏來的廉幹好秀才吏員著小船上送將來我便荅應　不要貪的來　今後其餘的海裏不要通連說與恁國王"

71) 『高麗史節要』 권28 공민왕 16년 10월, "納哈出 遣使來獻馬"; 『高麗史節要』 권29 공민왕 21년 4월, "納哈出 遣使來獻土物"

72) 『高麗史節要』 卷29 공민왕 19년 6월, "帝…遣百戶丁志孫玉來 執闌秀山叛賊陳君祥陳魁一等以歸 先是君祥等 居江南 詐降于明 殺其官吏 率徒百餘人 航海而來 居于古阜"

73) 사행의 임무 중의 하나가 정보 수집에 있었음은 김철웅, 「任義伯(1605~1667)의 활동과 『今是堂燕行日記』」, 『嶺南學』 19, 2011,

로 고려를 압박하였다. 그리하여 육로를 금지하고 해로까지도 통제하려 했다. 그러나 고려는 계속해서 육로 교통을 요구했다. 그 명분은 안정적인 교통에 있었다. 공민왕 23년(1374) 2월에 육로로 통행케 할 것을 다시 요청하였다.[74] 이 표문에서, "책봉 후 정성을 다하여 조공에 노력하였으므로 수 · 륙의 먼 길도 극복하고 세공의 시기를 어기지 않았다. … 11월 초5일 해상에서 풍랑을 만나 배가 깨졌으므로 주영찬을 위시하여 서장관 조신, 압마관 김천찬, 통역관 윤방길과 강사덕, 과거 응시자 김잠 등 38명이 익사하였다. … 언제나 편리한 길을 통행할 수 있게 하여 준다면 응당 번국의 정성을 다할 것이다"고 하였다. 이렇게 고려가 육로를 고집한 것은 사행의 안전 때문이기도 했지만 명 태조의 지적처럼 요동 사정을 정탐하려는 목적도 있었다. 고려는 중원의 정세를 알아내기 위해 여러 모로 노력하고 있었다. "서총병과 교제를 하니 이것은 북평부에 있는 군관들의 행동을 탐지하려는 것"이라는 명 태조의 불만은 고려의 요동 사정 정탐을 지적한 것이다. 명과 북원 간의 전쟁이 완전히 종식된 것이 아니어서 고려로서는 육로를 통해 중원에 대한 정보를 얻고자 했던 것이다.

우왕 9년 정월에도 명은 고려가 나하추와 왕래한다고 책망하였다. 명은 고려의 육로 교통이 원과 연합하려는 것으로 의심하여 계속 육로 사행을 막았다. 이에 고려는 계속 해로를 통해 사

400~401쪽.

74) 『고려사』 권44 공민왕 23년 2월.

신을 보내야만 했다. 그런데 우왕 9년 11월의 자문에, "세공을 약속대로 하지 않은 지 이미 5년이 되었다. 예물은 봉한 채 뜯지 않고 고스란히 배중륜 등에게 주어 수로(水路)로 돌아가게 하였으며 지금 또 고려에서 온 최연 등 4명은 문서를 가지고 육로로 돌아가게 한다"[75]고 하였다. 이렇게 명은 간혹 육로 사행도 허용하기도 하였다. 우왕 12년(1386) 2월, 정몽주는 요동반도로 가서 산동 반도로 건너가는 해 · 육 노선으로 남경에 갔다.[76] 그러나 우왕 13년 2월 2월 예부의 자문에, "지난해에는 김 통역이 바다를 건너서 절강의 민간에 잠입한 일이 있고 금년에는 임(任) 통역이 우리 서울에 사는 맹인과 밀통하여 우리 사정을 정탐한 일이 있었다"고 지적하였다. 이해 11월에 장방평 등 일행이 첨수참에 당도하였을 때 요동도사가 보낸 황제의 지시에, "왕래를 허락한 후 지금까지 모든 사건에 있어서 기한과 약속을 지킨 일이 없다. 기일이 지나거나 일찍이 오거나 하여 한 번도 성의 있는 태도를 볼 수 없으니 절교하여 서로 왕래하지 말 것이다."[77]라고 통첩하였다.

요컨대 고려는 해로 대신 요동 육로를 허용해 줄 것을 요청하

75) 『고려사』 권135 열전48 신우 9년 11월, "令差來人裵仲倫等收領 於水路回還 今再令差來人崔涓等四名齎文 陸路回還"

76) 이에 대한 분석은 김보정, 앞의 논문, 2010, 259~261쪽 참조.

77) 『고려사』 권136 열전49 신우 13년 11월, "張方平等行至甛水站都司使千戶王成欽錄聖旨以示之曰 今後高麗國使臣來者於一百里外止回不許入境亦不許送赴 京師不揀指以諸等時節行禮等項不必敎來 其國執政之臣輕薄譎詐之徒難以信憑自許往來至今凡百期約非過則不及未嘗誠意相孚可以絶交不可與之往來若欲求進示勅使錄而還 方平等遂還"

였다. 고려가 요청한 길은 육로와 해로를 병용하여 요동 육로-발해-산동 반도를 통해 가는 것이었다. 그러나 명은 새로 귀의한 산동 백성들이 좋아하지 않으며, 고려 사신이 왕래 중에 정탐한다고 하여 이 길을 허용하지 않았다. 그러나 결국에는 요동에서 산동 반도로 건너가는 사행로가 실현되었다. 그런데 고려와 명이 육로와 해로의 사행로 개통 문제로 논란하는 가운데 개경과 명의 북평(연경) 간의 교통이 재개되었다. 권근의 사행이 바로 이에 해당하였다.

권근은 창왕 1년(1389) 6월에 사명(使命)을 받들고 명에 갔다가 9월에 돌아왔다.[78] 『양촌집』 권6 「봉사록(奉使錄)」에서, "봉사일력(奉使日曆)은 사명을 받들었을 때의 거쳐 간 지역과 눈으로 본 일을 기록한 것이다. 압록강을 넘고 요하를 건너 북으로 연(燕)에 당도하였으며, 거기서 배를 타고 하(河)에 떠서 남으로 회(淮)·사(泗)에 들어가 서주·연주의 유허(遺墟)를 거쳐 강한(江漢)을 거슬러 경사(京師)에 도달하였다. 그리고 회를 경유하여 북으로 제·로의 동쪽을 지나서 발해를 건너니 1만여 리를 왕복하였다."고 하여 요하를 건너 연에 당도하였다고 한다.[79] 「봉

---

78) 『고려사』 권137 열전50 창왕 원년 6月, "遣門下評理尹承順 簽書密直司事權近 如 京師 請親朝且槳處女事 九月…尹承順權近 還自京師"; 『陽村集』 「陽村先生年譜」, "洪武二十二年己巳 公年三十八…六月 奉使朝京師 九月使還"

79) 『陽村集』 권6 奉使錄, "奉使日曆 記奉使所歷之地所見之事也 踰鴨綠渡遼河 以北抵于燕 浮河而南入淮泗 歷徐兗之墟 溯江漢以達于京師 由淮而北過齊魯之東 以涉渤海 往還萬餘里…洪武二十二年歲在己巳秋八月晦 永嘉權近誌", 권근의 북평(북경) 행로는 〈지도 3〉의 A, 귀국로는 B 참조.

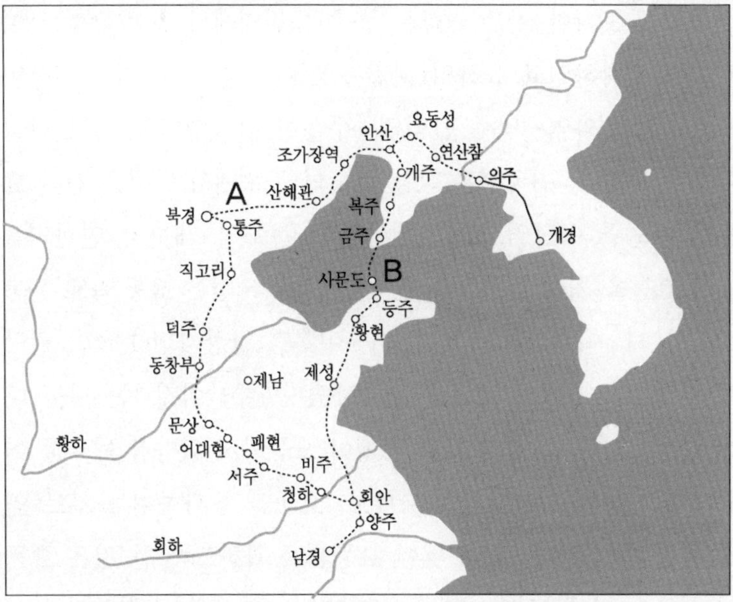

〈지도 3〉 권근의 사행로

사록」은 연작시로 「六月辛丑 出宿于金郊 是日雨甚」 시를 시작으로 「過鐵州…妻不屈節遇害」 시로 끝난다. 「봉사록」을 통해 북평(연경)까지의 여정을 보면 다음과 같다.

개경→금교역→평양성→수주→의주→압록강→탕참→개주성→용봉참→연산참→감수참→두관참→요동성→안산역→우장역(유가장)→사령역-요하-사영→판교역→노구포→십삼산역→연산도역→조가장역→동관역→사하역-서천 고성-고령역→산해위 천안역(천문진)→유관→보봉역→영평위 난하역→난하→칠가령역→영제역→계주 어양→북평성(원 구도)

북평에 도착한 이후 권근은 통주 통진역에서 발선(發船)하여 직고에 도착하였고 유하역〈하간부청현〉→창주 장로현→전하역→오교현 연와역→덕주 안덕역→무성현 갑마영역을 거쳐 남경에 도착하였다. 귀국길은 산동 반도의 등주에서 발해를 건너 요동의 여순구, 목장역, 금주, 패란점역, 복주역, 개주역, 안산역을 지나 요동을 거쳐 압록강을 건넜다. 귀국 노선은 요동 육로-산동반도의 해·육로 병용 경로였다. 이처럼 창왕 1년(1389), 권근의 사행로는 육로와 해로를 병용하였지만 그 이전과는 사뭇 다른 양상이었다. 이전의 육로 사행이 요동까지 갔다가 해로를 이용하여 산동반도로 갔지만, 권근은 요동을 통과하여 육로로 연경(북평)까지 갔다. 이때 명이 요동을 통과하도록 한 것은 요동의 역참을 정비하였기 때문일 것이다.[80] 그런데 이때의 권근 사행로는 조선의 명 사행로와 어느 정도 유사하다. 『문견잡기(聞見雜記)』에 의하면, "명 때의 조공로는 요동을 거쳐 곧장 안산(鞍山)으로 갔으며 해주위부터는 모두 바다를 따라갔다. 지금은 길이 심양으로 나가기 때문에 십삼산에 이르러서야 비로소 동남으로 물빛을 바라본다."[81]고 하였다. 권근 역시 요동을 거쳐 곧

80) 홍무 20년(1387) 7월, 명은 산해관에서 요동까지 14역을 설치하도록 하여 정식으로 요동에 역로를 개설하려고 하였다. 이듬해에 산해관에서 요동, 대녕 지역에 馬驛 15곳을 설치하였다. 『명태조실록』 홍무 20년 7월 병술 ; 『명태조실록』 홍무 21년 2월 경오, "詔自山海至遼東 遵化至大寧 置馬驛一十五 驛馬五十匹"

81) 『聞見雜記』 상, "皇明時貢路 由遼東直取鞍山 自海州衛以下 皆遵海而行 今則路出瀋陽 故至十三山 始自東南 望見水色 連爲沿海作行 至松山堡則海濱尤逼近 關內則蒼茫雖不得相望 要皆距海不遠" 『聞見雜記』는

장 안산으로 갔다가 연안을 따라 연경으로 갔다. 이렇게 본다면 창왕 1년에 권근이 갔던 개경과 북평 간의 육로는 북경 천도 이후의 사행로로 이용되었음을 알 수 있다.

한편 공양왕 2년(1390) 6월에 동지밀직사사 안숙로를 파견하여 연왕(燕王)을 예방케 하였는데, 11월에 안숙로가 연경으로부터 돌아왔다. 이때 연왕이 보낸 답서의 내용은 다음과 같다.

> 서고려국사(署高麗國事)와 국인배신(國人陪臣)들에게 나의 인사를 보낸다. 이번에 예물을 가지고 왔으나 어찌 감히 쉽게 받을 수 있겠는가? 옛사람이 말하기를 '신하는 외교하는 법이 없다'고 하였다. 그러나 거절하면 인정상 반드시 난처하게 되었으므로 물품은 받아 두고 사신을 돌려 보낸다.[82)]

명 태조는 동북방의 통치와 방어를 위해 넷째 아들 연왕을 북평부로 보냈다. 연왕은 홍무 13년(1380, 우왕 6) 이래 북평에 있으면서 북방의 군사들을 총괄하고 북원의 동태를 감시하였다. 그리하여 연왕은 강력한 군사력으로 북원과 교전하여 승리를 거두고 북방을 안정시켰다.[83)] 그런데 북평(북경)에 있던 연왕을 예방한 것은 요동 육로를 통해 가능한 일이다. 그 길은 권근의

정조 1년(1778) 7월에 사신 갔던 李坤의 연행록이다.

82) 『고려사』 권45 공양왕 2년, "六月庚辰 遣同知密直司事安叔老 聘于燕王…十一月丙午 安叔老還自燕 燕王答書曰 致意署高麗國事與國人陪臣等 邇以禮物來安敢易納 古人云 臣子無外交之理 郤之必艱人意故物留使還謹以狀 聞于父皇以通三韓之意必命乃報 國人陪臣等審焉"

83) 연왕은 1402년에 즉위하여 태종 영락제가 되었으며 이듬해 북평을 수도로 정하고 북경이라 하였다.

사행로와 크게 다르지 않았을 것이다. 이러한 사실은 한양과 연경의 사행로가 결정된 1409년(태종 9년, 영락 7년)[84]보다 훨씬 이전부터 연경과 육로로 교통하였음을 알려준다. 개경과 북평 간의 교통은 명이 요동 지역을 어느 정도 장악하였기 때문에 가능한 일이었다. 그러나 명은 광녕 북쪽으로는 확장하지 못하여 원대에 비하면 훨씬 좁은 지역을 확보하였다. 따라서 원 때와는 달리 심양 북쪽의 의주(懿州)를 통과하는 초원길을 이용하지 못하고 광녕 이남의 길을 통과하였다.

한편 고려말에 개경과 북평 간에는 상인들의 왕래도 자못 많았던 것 같다.

> 공양왕 3년(1391) 9월에 간관 허응 등이 상소하기를 "전하가 상인의 폐단을 근심하여 사람을 보내 금지하니 실로 우리 백성이 본업에 힘쓰고 부업을 버릴 때입니다. 그런데 지금 김인용 등 상인의 무리들을 북평에 보내 양을 사들이게 한다니 절약과 검소를 숭상하는 전하의 아름다운 본의가 아닙니다. 더군다나 세자가 중국에 입조하는 이때에 있어서 장사꾼들이 잇따라가니 이것은 또 만민을 위하여 세자를 입조시키는 전하의 본의와도 위반됩니다. 저희들은 중국 사람들이 세자의 오늘 걸음을 장삿길로 터놓으려는 것으로 인정하지 않을까 두렵습니다. 또 양을 사 온다는 것은 오늘날의 긴급한 일이 아니니 전하가 김인용 등을 보내지 말기를 바랍니다.[85]

---

84) 『통문관지』 권3 사대 상, 航海路程

85) 『고려사』 권46 공양왕 3년 9월 甲辰, "諫官許應等上疏曰 殿下慨念商賈之弊遣使禁斷實斯民務本捨末之秋也 今遣金仁用等商賈之徒前去北平貿羊竊恐非殿下崇節儉之美意也 況當世子朝見之日 商賈之徒 繼踵而行

공양왕 3년(1391)에 허응은 '상고지폐(商賈之弊)'를 근심하여 이를 금지하였다고 하였는데, 이들은 명과 무역하던 상인이었을 것이다. 그리고 김인용 등 상인의 무리들을 북평에 보내 양을 사들이게 하려는 것을 반대하였다. 이는 고려 상인이 북평에 가서 무역하고 있었던 사실을 말해준다. 그 길은 권근의 사행로와 크게 다르지 않았을 것이다.

Ⅴ. 맺음말

한반도와 중국을 잇는 교통로에 대해서는 일찍부터 활발하게 연구가 진행되어 왔다. 고려의 경우 송과의 해상 교통로에 대해 주목하여 왔다. 그리고 조선과 명 · 청의 교통로에 대해서는 많은 연구 성과가 축적되어 있다. 현재 전해지는 상당량의 조천록과 연행록에 조선과 명 · 청의 교통로를 상세히 기록해 둔 데에 원인이 있다. 지금까지 조선의 한양과 중국의 연경의 연행로에 주목하여 왔지만 개경과 연경이 가장 활발하게 연결된 것은 고려 · 원의 시기였다. 개경과 연경 간의 교통에 대해서는 대략적으로 언급되어 오다가 최근에야 전반적인 연구가 진행되었다. 그러나 원의 양경제를 고려하지 않아 개경과 상도의 교통로에 대해서는 관심을 가지기 않았다. 이에 개경과 상도 간의 교통로

又違殿下爲萬民 遣世子朝覲之意 臣等 恐中國之人 將以爲世子 今日之行欲階商販之路也 且貿羊一事 非今日急務 願殿下毋令仁用等有此行也"

에 주목하여 보았고, 아울러 원의 양경제에 주목하여 대도와 상도 간의 교통로를 살펴보았다. 또한 원·명 교체기에 개경과 명의 북평(연경)이 교통하고 있었던 사실을 살펴보았다.

개경과 상도 간의 교통로로 네 개의 노선을 확인하였다. 요양→창의현→의주(懿州)→북경 등을 경유하여 상도 개평부에 도착하는 노선은 심주를 거쳐 가지 않은 길이었다. 요양→심주(瀋州)→의주(懿州)→북경 등의 경로는 요양에서 북상하여 심주를 통과해 가는 길이었다. 그리고 『석진지』에 의하면 북경→구군→신점→상도 등의 역로가 있었다. 이 길은 우회로였다. 의주(懿州)에서 북경(대녕)을 거치지 않고 고주로 하여 상도로 가는 직로가 있었다. 이 길은 고려 사신이 이용하지 않은 것으로 보인다. 고려에서 의주(懿州), 북경(대녕)을 거쳐 상도로 가는 길은 북방의 내륙을 통과하는 교통로였다.

원은 대도와 상도의 양경(兩京)을 운영하여 이 두 도시 간에 교통이 빈번하게 이루어졌다. 이곡의 「난경기행」에 따르면 그 길은 대도→거용관→운주로→이룽대→난하→상도 개평부로 이어졌다. 황제가 일 년에 한번 상도로 순행하였음으로 고려의 사행도 상도까지 가야 하는 경우가 많았다.

한편 원·명 교체기에 명이 대도를 함락하고 요동을 두고 원·명이 대립하자 요동 육로를 통한 교통은 원활하지 못했다. 그리하여 고려와 명 남경 간의 사행은 해로를 이용하였다. 그러나 고려는 예전의 요동 교통로로 통하게 해 줄 것을 명에 요청하였다. 권근은 창왕 1년(1389) 6월에 사명을 받들고 명에 갔다가 돌아왔는데, 그 사행로는 개경→압록강→탕참→개주성→용봉참→연산참→감수참→두관참→요동성→안산역→우장역→판교역→십삼산역→사하역→산해위→유관→영평→계주→북평성(연경) 등이었다. 이 길은 조선 · 명 사행로의 전신이었다.

고려의 개경과 상도, 개경과 대도(연경 · 북평) 등의 경로를 통해 양국 간의 활발한 교통을 조명하였다. 이로서 조선 이전부터 양국의 중심지(개경, 대도)가 서로 원활하게 연결되어 있었다는 사실을 확인할 수 있다.*

---

* 이 논문은 「고려와 중국 원·명 교류의 통로」(『동양학』 53, 2013)을 수정한 것임.

〈참고문헌〉

『高麗史』, 『高麗史節要』, 『東文選』, 『稼亭集』, 『動安居士集』, 『牧隱詩藁』, 『陽村集』, 『通文館志』, 『金華黃先生文集』, 『明史』, 『明太祖實錄』, 『元史』, 『析津志』(『永樂大典』)

김보정, 「여말선초 對明 남경사행로의 분석과 영향」, 『지역과 역사』 27, 부경역사연구소, 2010.

김철웅, 「任義伯(1605~1667)의 활동과 『今是堂燕行日記』」, 『嶺南學』 19, 경북대 영남문화연구원, 2011.

김태준, 「중국 내 연행노정고」, 『동양학』 35, 단국대 동양학연구원, 2004.

김호동, 「몽골제국 군주들의 양도순행과 유목적 습속」, 『중앙아시아연구』 7, 중앙아시아학회, 2002.

박현규, 「高麗 賀平獨使의 수로 교통」, 『포은학연구』 4, 포은학회, 2009.

엄경흠, 「정몽주와 권근의 사행시에 표현된 국제관계」, 『한국중세사연구』 16, 한국중세사학회, 2004.

위은숙, 「13·14세기 고려와 요동의 경제적 교류」, 『民族文化論叢』 34, 영남대 민족문화연구원, 2006.

장동익, 「麗·元의 경제적 관계」, 『고려후기외교사연구』, 일지사, 1994.

정요근, 「고려 역로망의 운영에 대한 원의 개입과 그 의미」, 『역사와 현실』 64, 한국역사연구회, 2007.

진성규, 「李承休의 <賓王錄> 연구」, 『白山學報』 85, 백산학회, 2009.

楊正泰, 『明代驛站考』, 상해고적출판사, 2006.

黨寶海, 『蒙元驛站交通研究』, 崑崙出版社, 2006.

森平雅彦, 「高麗における元の站赤」, 『史淵』 141, 九州大 인문과학연구소, 2004.

________, 「목은 이색의 두 가지 入元 루트」, 『진단학보』 114, 진단학회, 2012.

제5장

이숭인의 「봉사록」과 사행로

김철웅*

Ⅰ. 머리말

고려 말에 도은 이숭인(李崇仁, 1347~1392)은 목은 이색, 포은 정몽주와 함께 학문과 문장으로 널리 알려져 있었다. 이숭인은 공민왕 9년에 14세의 나이로 국자감시에 합격하고[1)], 16세에 등과하였다.[2)] 21세가 되던 공민왕 16년 5월에 성균관이 중영

* 단국대학교 연구전담조교수

1) 『陶隱集』 卷4 「送李慕之赴淸州牧詩序」, "桃村先生掌庚子監試 世稱得士" ; 『고려사』 권74 지28 선거2 과목 2 國子監試 공민왕 9년 9월, "御史大夫李嶠 取朴季陽等 九十九人" ; 『及菴先生詩集』 卷2 「桃村學士見訪 醉中其喜有不言之處〈李嵓弟李嶠〉」, "杏村之弟是桃村 事我爲兄似一門"

2) 『牧隱文藁』 卷4 「陶隱齋記」 "子安氏年十六 以詩賦中壬寅科" ; 『고려사』 권73 지27 선거1 과목1 공민왕 11년, "洪彦博柳淑掌試 復用詩賦" ; 『고려사』 권73 지27 선거1 選場 공민왕 11년 10월, "右侍中洪彦博知

되자 정몽주, 박의중 등과 성균관 교관으로 7·8년을 보냈다.[3] 이때 이숭인과 포은·삼봉과 친하여 강론하고 연마하여 얻은 바가 많았다고 한다.[4] 그리하여 그는 성리학자로 널리 알려지게 되었다. 또한 그는 문장, 특히 시에 뛰어났다. 이숭인은 그 스스로도 시를 즐기는 사람이라고 할 정도였다.[5]

이숭인의 문장은 이색이 인정한 바였고, 정도전보다 뛰어나다는 평가를 받았다. 이색은 동당시의 지공거로 이숭인이 임명되었다는 소식을 듣고는 "문장이 곧장 천하를 끌어 오려는 듯"[6]하다고 하였다. 그리고 이색은 자신과 이숭인을 문장에 뛰어났던 자유(子游)와 자하(子夏)에 비유하였다.[7] 이러한 표현대로 문장에 뛰어났던 이숭인은 많은 외교 문서를 작성하였다.[8] 권근은

貢擧知都僉議柳淑同知貢擧 取進士 賜朴實等三十三人及第"

3) 『高麗史節要』 卷28 공민왕 16년 5월, "命重營國學…以判開城府事李穡兼大司成 增置生員 又擇經術之士金九容鄭夢周朴尙衷朴宜中李崇仁等皆兼學官"; 『陶隱集』 卷4 「贈李生序」, "昔者 烏川鄭丈達可 仁山崔丈彦父 密陽朴丈子虛 爲教官成均 予亦猥厠其列七八年 是時學徒日臻 齋廡殆不能容"

4) 『陽村集』 卷16 序類 「鄭三峯〈道傳〉文集序」, "三峯 與圃隱陶隱 尤相親善 講論切磋 益有所得"

5) 『陶隱集』 권3 「道上遇雪」, "我本陶齋好詩者 旁人錯比孟襄陽"

6) 『牧隱詩藁』 권31 「東堂知貢擧興寧君安公 判開城尹公 成均試員李崇仁落點狀下 穡聞之 以酒困不卽造門致賀 情不能已 吟成四首」, "十四初登進士科 文章直欲挽天河"

7) 『牧隱詩藁』 卷30 「訪李子安 夜歸明日〈吟成三首〉」 "文章正印有誰傳 月露風花海上天 幸是子安知我者 且從游夏共周旋" 이 시에서 '子安'은 이숭인의 字이며, '游夏'는 문장에 뛰어났던 공자의 제자 子游와 子夏이다. 『論語』 「先進」편에, "文學 子游子夏"라 하였다.

8) 이숭인이 외교 문서 작성에 크게 기여하였음은 권근의 상소에 잘 드러나 있다. 『高麗史』 권115 열전28 이숭인, "簽書密直司事權近 上疏論

「도은선생시집서」에서, "목은 이문정공이 늘 감탄하며 칭찬하기를 '이 분의 문장은 중국에서 구해도 많이 얻을 수 없다. 우리 동방에 문사가 있은 이래로 그와 견줄 사람은 드물다'고 하였다."고 한다. 한편 서거정은 『동인시화』 권상에서, "목은이 매양 시를 평할 때에 도은을 앞세우고 삼봉을 뒤로 하였다."고 하였다.

이처럼 이숭인은 뛰어난 문장으로 높은 평가를 받았다. 그리하여 이숭인에 대해서는 그의 학문과 사상[9]보다는 문장, 특히 시에 대해 주목한 연구가 활발하였다.[10] 그리고 최근 들어 그에 대한 역사적 위상을 재평가하려는 연구가 있었다.[11] 그렇지만 동시대의 인물들에 비해 그에 대한 연구 성과는 다소 미흡한 편

救崇仁曰…惟我國家 臣事大明以來 表箋詞命 多出崇仁之手 恭愍得謚上王襲爵 皆崇仁文章之力也 得免歲貢金銀馬布 亦崇仁之力也 皇帝屢稱文章之美 謂我國有人物者 亦是崇仁之功也 崇仁文章 簡潔高古 間世挺生 中國罕有 國家詞命 不可不使此人掌之也"

9) 崔根德, 「陶隱 李崇仁의 生涯와 思想」, 『香山卞廷煥博士華甲紀念論叢』, 1992

10) 李炳赫, 「麗末漢文學의 朱子學的인 傾向에 대하여-陶隱 李崇仁을 중심으로-」, 『石堂論叢』 10, 동아대 석당학술원, 1985 ; 朴性奎, 「陶隱 李崇仁論-그의 詩世界를 中心으로-」, 『동양학』 21, 단국대 동양학연구소, 1991 ; 魚江石, 「陶隱 李崇仁의 삶과 시문학의 특징」, 『淸溪論叢』 2, 한국정신문화연구원, 2000 ; 최광범, 「도은 이숭인의 시의 풍격」, 『어문논집』 44, 민족어문학회, 2001 ; 梁鎭湖, 『陶隱 李崇仁의 詩世界 硏究』, 중앙대 박사학위논문, 2001

11) 姜芝嫣, 「李崇仁의 政治活動에 대한 一考察」, 『全州史學』 4, 全州大, 1996 ; 고혜령, 「陶隱 李崇仁의 생애와 역사적 위상」, 『민족문화논총』 50, 영남대 민족문화연구소, 2012 ; 장재천, 「이숭인의 삶과 족적에 대한 평가」, 『한국사상과 문화』, 한국사상문화연구원, 2012

이다. 이에 지금까지 크게 관심 갖지 않았던 그의 외교 활동에 대해 주목해보고자 한다.

이숭인이 정치 활동을 시작했던 공민왕대 말기는 원이 북쪽으로 쫓겨 가고 중원에 새로 명이 등장하던 혼란기였다. 명의 홍무제가 즉위하자 공민왕은 사신을 보내 등극을 축하하였고, 명은 공민왕을 책봉하였다. 그러나 공민왕의 시해로 인해 우왕 대에는 양국 관계가 원만하게 전개되지 않았다. 이에 고려는 중원 정세를 저울질 하며 친원과 친명의 양단 외교를 하였다. 그렇지만 결국 고려는 명과의 외교를 제일로 삼았으며, 양국 간의 현안을 해결하기 위해 빈번히 사신을 파견하였다. 이러한 시기에 이숭인은 명으로 두 번의 사행을 다녀왔다. 한편 명에 파견된 고려의 사신들은 이에 대한 기록을 남겼다. 고려말의 사행록(使行錄)으로 『포은집』 권1의 봉사시(奉使詩), 정도전의 『봉사잡록(奉使雜錄)』와 『중봉사록(重奉使錄)』, 권근의 봉사록(『양촌집』 권6) 등이 잘 알려져 있다.[12] 그런데 이 시기의 봉사록(奉使錄)으로 이숭인의 것도 확인되고 있다. 이에 그의 봉사록에 주목하

12) 정헌교, 「정포은 선생 봉사명시 고찰」, 『논문집』 27, 부산개방대, 1985 ; 엄경흠, 「정몽주의 명 사행에 나타난 외교적 소통장식」, 『포은학연구』 1, 2007 ; 엄경흠, 「정몽주와 권근의 사행시에 표현된 국제관계」, 『한국중세사연구』 16, 2004 ; 박현규, 賀平蜀使 시기(1372~73) 鄭夢周의 行蹟과 作品考 , 『韓國漢文學研究』 44, 2009 ; 박현규, 「고려 하평촉사의 수로 교통-정몽주의 기록을 중심으로」, 『포은학연구』 4, 2009 ; 안장리, 「여말선초 사대부의 봉사시에 나타난 세계관 비교」 『포은학연구』 3, 2009 ; 김보정, 「여말선초 對明 남경 사행로의 분석과 영향」 『지역과 역사』 27, 부경역사연구소, 2010 ; 成範重, 「고려말 지식인의 중국 체험과 그 형상화 양상」, 『震檀學報』 114, 2012.

여 이숭인의 사행(使行)과 그 사행로(使行路)에 대해 살펴보고자 한다. 이를 통해 이숭인의 외교 활동, 그리고 고려말의 사행로에 대한 이해가 확장되기를 기대해 본다.

II. 고려 · 명의 관계와 이숭인의 사행

1. 고려 · 명 관계의 추이와 이숭인의 1차 사행

이숭인은 모두 두 번의 사행을 다녀왔다. 이숭인이 처음으로 명에 사신을 가게 된 것은 우왕 12년(1386, 홍무 19년) 9월이었고[13] 두 번째 사행은 창왕이 즉위한 후 10월에 있었다. 첫 번째 사행은 명과의 통교가 다시 재개된 지 얼마 되지 않은 시기였고, 두 번째 사행은 우왕이 쫓겨나고 새로 창왕이 즉위한 때였다. 따라서 이숭인 사행의 의미를 이해하기 위해서는 당시 고려와 명의 관계를 간략히 정리할 필요가 있다.

고려는 명과 통교한 이후 하정사와 성절사를 정기적으로 보냈다.[14] 그러나 공민왕 사후 우왕은 공민왕의 시호와 승습을 요청

---

13) 『고려사』 권136 열전49 우왕 12년 9월, “遣門下評理金湊同知密直司事李崇仁 如京師 賀正 密直副使張方平 獻歲貢 雄馬十五匹 雌馬三十五匹”

14) 『明史』 권320 열전208 외국1 조선, “太祖卽位…二年…其秋 顓遣總部尙書成惟得 千牛衛大將軍金甲兩上表謝 幷賀天壽節…自是貢獻數至元旦及聖節皆遣使朝賀 歲以爲常”

했지만 명은 공민왕의 시해를 빌미로 하여 이를 받아들이지 않았다. 그리하여 우왕 때는 거의 고려와 명의 통교가 단절된 상태였다. 이러한 사정이 잘 드러나 있다.

> 홍무 7년(1374, 우왕 즉위년) 12월 25일에 배신(陪臣) 최원(崔源)을 차견하여 표문과 주문을 들고 가서 부음을 고하고 시호를 청하며 승습을 고하게 할 목적으로 정료위를 경유하여 경사(京師)로 나아가게 하였습니다. 그리고 홍무 8년 2월에는 삼가 성지(聖旨)에 의거하여 탐라의 마필을 손용진을 차견하여 50필을 관압하게 하고, 5월에는 전보(全甫)를 차견하여 100필을 관압하게 하면서 정료위로 보내 납부하게 하였습니다. 그런데 이들이 모두 지금까지 돌아오지 않고 있는데, 그 전말을 알 수가 없어서 크게 걱정하고 있습니다.[15]

「진정표」에 나타나 있듯이 명에 파견된 고려 사신은 억류되어 귀국하지 못하고 있었다. 이후에도 고려는 명에 시호와 책봉을 계속해서 요청하였다. 우왕 4년(1378) 3월에 사신으로 간 주의(周誼) 편에 보낸 「청승습표」에, "어린 몸으로 국상을 당하였고, 선고(先考, 공민왕)의 뒤를 이어 몇 년 동안이나 국사를 대행"[16]한 사실을 말하여 승습을 요청하였다. 우왕 8년 11월에 보

---

15) 『陶隱集』 권5 「陳情表」, "於洪武七年十二月二十五日 差陪臣崔源賫表奏告訃音及請謚告襲 經由定遼衛 前赴京師 又於洪武八年二月內 欽依聖旨 起取耽羅馬匹數內 差陪臣孫用珍 管押馬五十匹 五月內 差陪臣全甫 管押馬一百匹 送納定遼衛 俱未回還 罔知端末 私切憂勤"

16) 『高麗史』 권133 열전46 우왕 4년 3월, "遣判繕工寺事柳藩 如京師 謝恩 禮儀判書周誼 請謚承襲…請承襲表曰猥以幼冲 適丁憂恤 奧從先考權國事者數年"

낸 「청시표」에, 공민왕이 훙서한 뒤로 여러 차례 표문을 올려 시호를 청하였으나 아직 은혜를 입지 못했으며 해가 아홉 번이나 바뀌었음을 밝히고 있다.17) 이듬해 8월에도 문하찬성사 김유를 보내 성절을 축하하는 동시에 시호와 봉작을 요청하는 표문을 올렸다. 다시 사신 왕래가 허용된 것은 우왕 11년(1385) 4월이었는데,18) 이때 통교 사은과 함께 시호와 왕위 계승을 요청하는 표문을 보냈다. 이러한 노력 끝에 우왕 11년 9월에 가서야 시호와 책봉을 받았다. 명은 우왕을 고려국왕에 책봉하고19) 9월에 통역 곽해룡이 명에서 돌아와 조서사와 시책사가 온다는 사실을 알렸다. 이리하여 공민왕에 대한 시호와 우왕의 책봉을 받게 되어 양국 관계는 다시 원만해졌다. 공민왕 사후 고려와 명 간에 벌어진 시호와 책봉 문제가 일단락된 것이다.

한편 고려는 하정, 성탄일, 천추절에 명에 사신을 보냈다. 이숭인은 하정사로 명에 첫 번째 사행을 다녀왔다. 우왕 12년(1386, 홍무 19년) 9월, 문하평리 김주와 동지밀직사사 이숭인은 새해를 축하하고, 밀직부사 장방평은 세공으로 수말 15필과 암말 35필을 바치기 위해 명에 파견되었다.20) 김주 · 이숭인의

17) 『高麗史』 권134 열전47 우왕 8년 11월, "遣同知密直司事鄭夢周 版圖判書趙胖 如京師 賀正仍進陳情請諡承襲表…請諡表曰…先臣某於洪武七年薨逝之後 累次上表請諡 未蒙明降 歲律悲於九更 天聰敢於再瀆"

18) 『高麗史』 권135 열전48 우왕 11년 4월, "帝放還金分洪尙載李子庸周謙黃陶裵仲倫等 許通朝聘 子庸道死"

19) 『明史』 권3 본기3 태조3 홍무 18년(1385) 7월 갑술, "封王禑爲高麗國王"

20) 『고려사』 권136 열전49 우왕 12년 9월, "遣門下評理金湊同知密直司事李崇仁 如京師 賀正 密直副使張方平 獻歲貢 雄馬十五匹 雌馬三十五

하정사는 우왕 11년 이후 대명관계가 복원된 이후 두 번째 하정사였으며, 조서사와 시책사가 다녀간 지 1년이 지난 시기였다.

이숭인은 일찍부터 친명 노선을 분명히 하였다. 그는 우왕 1년(1375) 8월에 김구용, 정도전 등과 함께 원의 사신을 물리치도록 상소하였다가 경산부에 유배되었다. 이처럼 일찍부터 친명 노선을 분명히 했던 이숭인은 자신이 하정사가 되었다는 것이 남다른 의미로 다가왔을 것이다. 그의 사행은 명의 인사들과 직접 교유할 수 있는 좋은 기회였다.

이숭인은 조서사로 왔던 장부와 시책사였던 주탁과 친분을 이어갔다.[21] 특히 고손지(高遜志, 또는 高巽志)와의 교유가 주목된다.

> 삼한의 정종지(도전)씨는 진사로 출신하여 그 나라에 벼슬하고, 성균관 사성이 되어서 문학을 직업으로 하는 사람이다. 그의 친구 이자안(李子安: 이숭인)이 하정사로 오는 길에 그가 지은 글 약간 편을 가지고 와서 나에게 발문을 부탁하였다. … 사신이 오는 편에 황공하게도 안부를 물어 주시니 감사함을 어찌 다 말하겠습니까? 두 분이 안녕하심을 알았사오니 얼마나 위로가 되는지 모르겠습니다. 불초는 그대로 잘 지내옵고 별로 말할 것이 없습니다. 부탁하신 종지의 문고 발문은 명대로 지어 보내긴 하나, 아무튼 글 임자에게 웃음거리가 되지 않을까 두렵습니다. … 9월 15일에 손지 재배[22]

匹"

21) 『陶隱集』에는 이들이 지은 발문과 서문이 있다.

22) 『三峰集』 권8 附錄 「跋鄭宗之文稿後〈戊辰 高遜志〉」, "三韓鄭宗之氏由進士起家 仕其國爲冑子師 以文學爲職業 其友李公子安之朝正也 携

이 글은 우왕 14년 9월에 지은 것이니 이숭인이 두 번째 사행을 가기 전이다. 따라서 이숭인이 고손지에게 정도전의 글에 대한 발문을 부탁한 것은 1차 사행 때이다. 이숭인은 1차 사행 때 고손지와 교유하였고, 이후에도 고려 사신을 통해 계속 친분을 유지했음을 알 수 있다. 고손지는 『원사』 편찬에 참여한 적이 있는 명망 있는 학자이자 관료였다.[23)]

2. 이숭인의 2차 사행

우왕 14년(1388) 6월에 창왕이 즉위하였다. 이해 가을에 이숭인은 이인임의 인척이라 하여 통주에 유배되었다가 10월에 소환되어 첨서밀직사사가 되었다. 이때 이숭인은 이색과 함께 명에 하정사로 가게 되었다.[24)] 이때 이색이 정사, 이숭인이 부사, 이방원이 서장관이었다. 이때는 요동 정벌로 명과 대립하던 시기

其所著文若干篇 俾予識之…伻來 辱遠教清貺 感荷何言 從審台候均介時祉 曷勝慰浣 不肖粗守苟安 毋足齒及 所需宗之文稿跋語 依命錄去 第恐貽笑作者耳 姑此奉復 惟鑑諒 不謹 九月望日 遜志載拜〈按遜志姓高官侍郎 河南府徐州人 居上莊驛〉 圃隱陶隱二國相先生閣下 後素〈按後素 疑高遜志自號〉"

23) 『明史』 열전31 高遜志, "文章典雅 成一家言 征修元史 入翰林 累遷試吏部侍郎"

24) 『고려사』 권137 열전50 우왕 14년 10월, "遣門下侍中李穡簽書密直司事李崇仁同知密直金士安 如京師 賀正 且請王官監國 子弟入學 請監國表曰 保國在於事大…祝皇齡於有永 請入學表曰 帝王作人…臣謹當獲霑一視之仁永祝萬年之壽" ; 『明太祖實錄』 권194 홍무 21년 12월 壬子, "高麗 遣其臣李穡等上表 賀明年正旦"

였으며, 결국은 위화도회군으로 이성계 일파가 세력을 장악해가고 있었다. 이색이 사행을 마치고 귀국한 후 창왕이 내린 교서에,

> 한산부원군 이색은 … 최영이 중국과의 사단을 일으킨 후 인심이 불안하였을 때 그대는 60세의 노인으로서 병을 앓았음에도 불구하고 개연히 자칭하여 사신의 길을 떠났다. 그리하여 천자에게 조회하고 사정을 명세하게 주달한 결과 천자가 가상히 여겼다. 그리하여 상하의 심정이 서로 통하게 되고 종묘와 사직의 大計가 안정하게 되었으니 그대의 공을 선현들에 비해 볼 때 더욱 빛난다.[25]

고 하였다. 이렇듯 이색·이숭인의 사행은 요동 정벌과 위화도회군 이후의 대명관계를 수습하기 위한 것이었다. 그리고 이때는 국내 정치 상황도 매우 급박하였다. 이색은 위화도회군으로 이성계가 정권을 장악해 나가자 돌아오기 전에 혹 사변이 있을까 염려하여 이방원을 서장관을 삼아 동행하였다.[26] 이색과 이

---

25) 『고려사』 권137 열전50 창왕 원년 9월, "命李穡李琳及我太祖劒履上殿贊拜不名…韓山府院君李穡…自崔瑩構逆之後人心虞疑卿以六十之年疾病之餘慨然自請肩輿就道入覲天子奏對詳明 天子嘉納上下之情以通宗社之計以定比之先正益有光焉"

26) 『太祖實錄』 總序, "自恭愍王薨 天子每徵執政大臣 皆懼不敢行 門下侍中李穡 欲昌親朝 又欲王官監國 自請入朝 昌遣穡及僉書密直李崇仁 如京師賀正 且請王官監國…穡以太祖威德日盛 中外歸心 恐其未還乃有變 請一子從行 太祖 以殿下爲書狀官 及入朝…回至渤海 與二客船同行 及半洋山 颶風大作 二客船皆沒 殿下所乘船 亦幾不救 人皆驚懼顚仆 殿下神色自若 竟得全而歸"

숭인의 사행은 표면적으로는 하정사이지만 당시 고려에 당면한 국내·외 상황을 돌파하기 위한 매우 중요한 의미를 가지고 있었다.

> 문하시중 이색, 첨서밀직사사 이숭인, 동지밀직 김사안을 명에 보내 새해를 경축하고, 또한 왕관감국(王官監國), 자제의 입학 허가 등을 청하였다. 감국을 청하는 표문에, "나라를 보전하는 길은 대국을 섬기는 데 있으며 원방을 어루만지는 길은 감독을 두는 데 있습니다. 이에 충심을 피력하여 당신에게 말하려 합니다. 우리나라는 변방의 한쪽 구석에 처하여 비록 당신의 성위와 교화가 점차 미치고는 있으나 아직 예의의 습관에는 어두우니 바라건대 王官이 와서 당신의 교화를 입게 하기를 바랍니다. 당신은 천지를 포용하는 도량과 만방을 동일하게 보니 관후한 인덕으로써 관리를 배치하여 이 먼 나라를 편안케 하여 주기를 바랍니다."라고 하였다.[27]

이에 나타나 있듯이 이색·이숭인 사행의 목적은 ① 원정(元正)의 축하, ② 왕관감국(請王官監國)의 요청, ③ 자제 입학 요청 등이었다. 여기서 가장 중요한 사행 목적은 '왕관감국의 요청'이다. 그 표문에 "왕관(王官)이 와서 황제의 은혜를 입게 하고 관리를 두어 나라를 평안하게" 해 주기를 요청하였다. 이처럼

---

27) 『고려사』 권137 열전50 우왕 14년(1388) 10월, "遣門下侍中李穡 簽書密直司事李崇仁 同知密直金士安 如京師 賀正 且請王官監國 子弟入學 請監國表曰 保國在於事大 綏遠在於置監 玆殫卑忱 庸瀆聰聽 竊惟小邑 邈處邊陲 雖蒙聲教之漸 尙昧禮義之習 冀王官之來 莅惟聖化之是宣 伏望陛下 度擴兼容仁推一視 命設員吏 俾安要荒 臣謹當守侯 度以罔愆 祝皇齡於有永"

'왕관감국의 요청'은 홍무제의 신임을 받은 명 관료를 고려로 파견하여 고려 국정을 감독해달라는 내용이었다. 이것은 고려의 자주성을 제약하는 내용이지만 이색의 정치적 입장으로서는 이성계 세력을 견제할 수 있는 유일한 방법이었을 것이다. 이렇게 이성계 세력을 견제하고 창왕의 지위를 공공이 하는 또 다른 방법으로 이색은 창왕의 명 입조를 요청하였다.[28] 이것이 이색·이숭인 사행의 네 번째 목적이었다. 그러나 이색 일행의 사행은 목적을 제대로 이루지 못했다. 이색이 돌아와 "황제의 심중에는 일정한 주견이 없었다. 나는 황제가 필시 이 문제를 물을 것이라고 생각하였는데 황제는 그것은 묻지 않았고 황제가 묻는 것은 모두 내가 생각한 것이 아니었다."[29]라고 말한 것은 그가 뜻한 바가 제대로 되지 못했다는 것을 의미한다. 그렇지만 이색은 귀국 후에 창왕의 입조를 추진하였다.[30]

---

28) 『太祖實錄』 總序, "自恭愍王薨 天子每徵執政大臣 皆懼不敢行 門下侍中李穡 欲昌親朝 又欲王官監國 自請入朝 昌遣穡及僉書密直李崇仁 如京師賀正 且請王官監國"

29) 『고려사』 권115 열전28 李穡, "(辛禑)十四年…遂與李崇仁金士安如京師 賀正且請王官監國 穡以我太祖威德 日盛中外 歸心恐其未還乃有變 請一子從行 太祖以我太宗爲書狀官 及入朝…崇仁副穡赴京 至是崇仁以買賣事 被劾流竄 穡不自安 上牋乞退 昌不聽 命中官賜酒慰諭猶不出…蓋穡嘗愛崇仁文章 其再上牋 意欲救之也 穡遂歸長湍別業…穡之回自京師也 與李崇仁金士安等 相期謁禑於驪興 而穡先期獨見 其獨見之際 所言公歟私歟 是未可知也…又以奉昌朝見 迎立辛禑之計未遂 托李崇仁被劾 歸于長湍"

30) 『고려사』 권137 열전50 창왕 원년 4월, "李穡等 還自京師 宣諭聖旨 我這裏有幾箇孩兒 恁高麗有根脚好人家女孩兒 與將來教做親"

좌사의 오사충과 문하사인 조박 등이 상소하기를, "…이색은 명에서 돌아오자 이숭인, 김사안 등과 함께 우왕을 여흥부로 방문할 것을 약속하고 이색은 앞질러 혼자 가서 만났습니다. 그가 혼자 만나 볼 때 한 말이 공적인 일이었는지, 혹은 개인적인 것이었는지는 알 수 없는 바입니다. …"고 하였다. 신창을 명 조정에 예빙하게 하고 신우를 맞아 왕으로 세우려던 계책이 성취되지 못하자 이숭인이 탄핵당한 것을 빙자하고 장단으로 돌아가서 추세를 관망하였다.[31]

이에 나타난 바와 같이 명에서 돌아온 이색·이숭인 일행은 폐위되어 여주에 있던 우왕을 만나러 갔다. 이색 일행이 우왕을 만난 것은 사행의 결과를 우왕에게 알리고자 했기 때문이다. 이러한 이색의 행동은 이성계 세력에게 큰 위협이었으며 이러한 상황을 주시하고 있던 오사충과 조박은 이숭인에 대한 탄핵 상소를 올렸다. 이성계 세력은 사행 중에 있었던 이숭인의 사무역을 빌미로 하여 이들을 제거하기에 이르렀다.

간관들이 "이숭인은 물품을 매매해 마치 장사꾼 같이 행동한 까닭에 시중 일행의 체면을 더럽히고 중국 사람으로 하여금 우리나라 사대부의 낯에 침을 뱉게 하였다."고 사행 가서 사사로이 물건을 매매한 사실을 규탄했다.[32] 이때 권근은 창왕에게 이숭인을 변명하는 상소를 올렸는데 간관들은 권근이 이숭인의 일당이 되어 임금을 기만하고 업신여겼다고 탄핵하였다.[33] 결국 이 일로 하여 이숭인과 권근은 유배를 갔다. 한편 이색은 창왕

31) 『고려사』 권115 열전28 李穡
32) 『고려사』 권115 열전28 이숭인
33) 『고려사』 권107 열전20 권단 附 권근

에게 해임을 요청하였다. 이숭인이 명에서 물품을 매매한 사건으로 하여 규탄을 받고 귀양 가자 그를 구원하려는 목적에서 퇴직을 요청한 것이었다. 이색은 결국 장단 별장으로 물러났다.[34)]

이처럼 이숭인의 두 번째 사행은 고려 정국에 큰 파장을 몰고 왔다. 위화도 회군 이후 정계를 장악해 가던 이성계 일파를 견제하고자 친명관계를 더욱 강화하기 위해 이색은 자청해서 사행을 갔다. 이는 외교를 국내 정치에 이용하려는 이색의 의도였다. 그렇지만 그 결과는 이성계 세력을 견제하던 이색 일파의 몰락이었다. 그 빌미는 이숭인의 사무역이었다. 그러나 사신의 사무역은 이숭인의 일만은 아니었으며[35)], 또한 명 측에서도 이를 금지하지 않았다.[36)] 따라서 사행 사무역을 문제 삼은 것은 이성계

---

34) 『고려사』 권115 열전28 李穡, "(辛禑)十四年…遂與李崇仁金士安如京師 賀正且請王官監國 穡以我太祖威德 日盛中外 歸心恐其未還乃有變 請一子從行 太祖以我太宗爲書狀官 及入朝…崇仁副穡赴京 至是崇仁以買賣事 被劾流竄 穡不自安 上牋乞退 昌不聽 命中官賜酒慰諭猶不出…蓋穡嘗愛崇仁文章 其再上牋 意欲救之也 穡遂歸長湍別業…穡之回自京師也 與李崇仁金士安等 相期謁禑於驪興 而穡先期獨見 其獨見之際 所言公歟私歟 是未可知也…又以奉昌朝見 迎立辛禑之計未遂 托李崇仁被劾 歸于長湍"

35) 예를 들면, 『고려사절요』 권32 우왕 12년(1386) 6월조에 "이때에 사신으로 갔던 사람이 돌아오면 정권을 잡은 자가 그 뇌물의 양을 따져서 그 벼슬을 높이고 낮추었으며, 혹 욕심대로 되지 않으면 반드시 그를 중상하였다. 그 때문에 사신으로 가는 자가 그 화를 면하기 위하여, 무역을 하지 않을 수 없었다."고 하였다. 고려와 명의 사무역에 대해서는 李鎭漢, 2009, 「高麗末 對明 私貿易과 使行貿易」, 『韓國硏究センター年報』 9 참조.

36) 『明史』 권320 열전208 외국1 조선, "太祖卽位…三年…中書省言 高麗貢使 多齎私物入貨 宜征稅 又多携中國物出境 禁之便 俱不許"

일파의 숨은 의도가 있었다. 이색 · 이숭인의 사행 전후로 전개되고 있던 견제를 막아내고 정국의 주도권을 차지하려는 이성계 세력은 사무역을 특별히 문제 삼아 이숭인을 탄핵하였다. 이성계 측의 간관들은 이숭인을 집중하여 탄핵하였다. 이에 그를 옹호하던 권근이 유배되었고, 사행에 책임을 진 이색은 퇴직하지 않을 수 없었다. 결국 이숭인의 두 번째 사행은 우왕과 창왕을 지지하던 이색, 이숭인 등이 정계에 물러나게 되는 결과를 가져왔다.

Ⅲ. 이숭인의 「봉사록」

이숭인은 사행 과정을 시로 남겨 이를 「봉사록(奉使錄)」이라 하였다. 그의 「봉사록」은 1, 2차 모두 작성되었던 것으로 보인다.

> 홍무 병인년(1386, 우왕 12) 12월에 내가 회동관에 우거하고 있을 적에 바야흐로 다리의 통증이 심해서 걸어 다니기도 어려웠는데, 통사 정연이 지팡이를 선물로 주었으므로 이것을 받고는 매우 기뻐하였다. 그리하여 이듬해 1월 경사(京師)에서 요하(遼河) 북쪽까지 여행하는 동안 잠깐이라도 손에서 놓은 적이 없었는데, 홀연히 도중에서 지팡이를 잃어버리고 말았다. 많은 시간 먼 길에서 나를 오랫동안 부축해 주었으니, 비록 미물이라고 할지라도 어찌 감회가 없을 수 있겠는가. 그래서 이 노래를 지었다.[37]

이숭인은 「약유장가(若有杖歌)」에서, 홍무 병인년 12월에 회동관에서 지팡이를 얻어 요하에서 여행할 때까지 가지고 있었다고 한다. 이 시는 1차 사행의 「봉사록」에서 나온 것이다. 그리고 2차 사행의 봉사시도 확인할 수 있다.

> 세공(歲貢)의 일로 경사(남경)에 온 포은을 후관(候館)에서 해후하게 되었는데, 그때 그가 꺼내 보여준 기행시를 보고는 운장(주탁)의 말이 나를 속이지 않았다는 것을 굳게 믿게 되었다. 그로부터 3년이 지나서 목은과 도은이 또 하정사로 왔다가 동쪽으로 돌아갈 즈음에 나에게 들렀는데, 그때 이들이 지은 글 약간 편을 가지고 와서 나에게 발문을 써달라고 요청하였다. … 지금 밝은 덕이 환히 비추며 문명의 교화를 널리 입히는 중에서도 동방의 나라보다 앞서는 곳이 없다. 이런 때에 도은이 조정에 와서 한 시대의 성화와 문물을 보고는 이를 펼쳐 제술하며 성덕(盛德)의 모습을 찬미하였다. 이제 장차 중국의 인사들이 이를 놓치지 않고 채록하여 황명의 훈모와 아송(雅頌)의 끝에 덧붙이게 될 것이다. 홍무 22년 기사년(1389, 창왕 원년) 1월 16일에 전(前) 예부시랑 가홍 고손지 사민은 발문을 쓰다.[38]

---

37) 『陶隱集』「若有杖歌〈用洪武正韻〉」, “〈洪武丙寅季冬 予寓會同舘 方患脚疼 難於步履 通事鄭連遺以杖 得之喜甚 明年正月 自京師行至遼河之陽 未甞頃刻不在手 忽於道中失其所在 夫以日月之既多 道途之既遠 扶掖之既久 盖雖微物 不能不使余有感 故作歌焉〉”

38) 『陶隱集』跋“圃隱 以献驥京師 解后于候館 出示其紀行詩 余固信雲章之言不我欺矣 後三年 牧隱陶隱 復以朝正東還 過余旅次 携所爲文若干篇 祈識其後 余讀之浹日 益信三韓之多士 而雲章之言非過情之譽也…今陽德炳耀 而光被文明之化 莫先於東方之國 陶隱翩然來朝 覩一代之聲明文物 而敷爲製述 以美盛德之形容 將見中國之士弗遺其材而采錄之

창왕 원년 1월 16일에 기록한 고손지의 발문에 의하면 이색과 이숭인의 하정사로 왔다가 이들이 지은 글을 보여주었다고 한다. 이때 "도은이 조정에 와서 한 시대의 성화와 문물을 보고는 이를 펼쳐 제술하며 성덕의 모습을 찬미하였다."고 한다. 이는 2차 사행의 「봉사록」 일부를 고손지가 보았음을 의미한다.

이숭인의 1 · 2차 사행에서 모두 「봉사록」을 남겼다. 『도은집』에는 「봉사록」이라 출처를 밝힌 시들이 수록되어 있다. 이 「봉사록」의 시들을 정리하면 다음과 같다.

〈표 1〉 『도은집』 중의 「봉사록」 시

권수	제목	詩體	『陶隱集』 細註
권1	「題謝大年望雲詩卷」	4言 古詩	
	「龍江舟中有懷北平周參政 名倬字雲章	5言 古詩	
	「正月十七日於贛楡縣之東海驛逢鄕人郭海龍得家書	5言 古詩	"以上三篇 出奉使錄"
	「渡遼曲」	7言 古詩	
	「嗚呼島〈一名 半洋山〉」	〃	
	「若有杖歌〈用洪武正韻〉」	〃	"以上三篇 出奉使錄"
권2	「天界寺	5言 律詩	"此下十三首 出奉使錄"
	「正月初七日出自金川門馬上詠懷」	〃	
	「將赴都也宿楊州之廣陵驛見江都史知縣知張伯淵先生下世悵然有作	〃	
	「楊州舟中漫興」	〃	
	「立春卲伯驛舟中」	〃	
	「舟次高郵湖憶圃隱萱庭浩亭三峯	〃	
	「憶次若次騫	〃	
	「東關至密水途中奉懷圃隱三峯	〃	

以附皇明訓謨雅頌之末 不亦偉乎 洪武二十二年歲在己巳春正月既望 前禮部侍郎嘉興高巽志士敏 跋"

권수	제목	詩體	『陶隱集』細註
권2	「黃山途中	〃	
	「阻風留登州次壁上詩韻」	〃	
	「天妃廟次韻	〃	
	「沙門島偶題」	〃	
	「嘉州路上聞王令公下世	〃	
	「丙寅十二月十六日赴京師	7言 律詩	"此下八首出奉使錄"
	「元日奉天殿早朝	〃	
	「登州蓬萊閣感懷」	〃	
	「留沙門島奉呈同行評理相君	〃	
	「蓋州」	〃	
	「定遼衛」	〃	
	「謁箕子祠」	〃	
	「浮碧樓次韻錄呈巡問令公」	〃	
권3	「十七日早朝 上御奉天門 臣崇仁等 蒙賜冠服獲與朝官列拜午門之外	7言 絶句	
	「是日皇太子御文華殿儀禮司序班前導入自左掖門列拜東宮南門之外	〃	
	「詠安南」	〃	
	「詠流求」	〃	
	「旣賦二詠以示周君嗣昌嗣昌日願聞自詠輒口號 嗣昌廣東貴溪人也今爲會同館大使	〃	
	「龍江驛開船」	〃	
	「揚子江〈二首〉」	〃	
	「過儀眞〈二首〉」	〃	
	「過楊州」	〃	
	「瓊花館有感」	〃	
	「舟行自高郵湖過范光白馬二湖奉懷東亭圃隱二位先生」		
	「舟中望寶應」	〃	
	「過淮陰有感漂母事」	〃	
	「超然臺	〃	
	「沙門島懷古」(三首)	〃	
	「金州途中」	〃	
	「渡鴨綠〈三月初二日〉」	〃	"已上二十首 出奉使錄"

「봉사록」의 시(이하 '봉사시')는 권1~3권에 걸쳐 있는데, 권1에 3수 씩 두 군데, 권2에도 두 군데로 나누어 13수와 8수가, 권3에는 20수가 실려 있다. 이렇게 같은 권에서도 나뉘어 실은 것은 시체(詩體)에 따랐기 때문이다. 이숭인의 「봉사록」은 『도은집』의 편찬 과정에서 해체되어 시 형식에 따라 분산되어 실림으로서 그 실체를 잃고 말았다. 그리고 『도은집』은 창작 시기가 분명하지 않은 작품들이 많고 또 앞서 창작된 작품이 뒤에 창작된 작품보다 뒤에 배치되어 있는 경우도 많아, 작품 배열에 있어 창작 시기는 그다지 고려하지 않았다.[39] 따라서 봉사시를 검토하여 창작 시기를 추정해 1 · 2차 사행 여부를 파악해 보아야 한다.

『도은집』 권1에는 두 부분으로 나누어 3수 씩 기록하였다. 첫 시, 「제사대년망운시권(題謝大年望雲詩卷)」은 창작 시기를 알 수 없다. 두 번째 「룡강주중유회북평주참정(龍江舟中有懷北平周參政)〈명탁자운장(名倬字雲章)〉」의 출처는 2차 봉사록이다. 내용에서 이숭인은 주탁(周倬)과 서로 헤어진 지 3년이 지났다고 하였다.[40] 우왕 11년 9월에 주탁이 낙영(雒英)과 함께 우왕의 책봉 사신으로 왔다가 10월에 돌아갔으니[41], 그렇다면 이 시

39) 이숭인의 시는 『도은집』에 446수가 전하고 있다. 그는 고시 율시, 절구 등을 두루 창작하였는데, 권1은 辭와 古詩, 권2는 律詩와 排律詩, 권3에는 絶句가 실려 있다. 梁鎭湖, 『陶隱 李崇仁의 詩世界 硏究』, 중앙대 박사학위논문, 2001, 106쪽 및 「도은집 해제」, 한국고전번역원, 2008

40) "一別各西東 三載抱荼毒…持節燕山陲 繫舟龍江曲"

41) 『高麗史節要』 권32 우왕 11년(1385, 홍무 18년) 9월 병자 및 10월조.

의 저작 시점은 우왕 14년이 된다. 이 시는 이숭인이 남경 근처의 용강역[42]에 도착하여 주탁이 북평(북경)에 나가 있다는 소식을 듣고 그를 만나지 못하게 됨을 아쉬워하는 내용이다. 따라서 이 시는 우왕 14년의 두 번째 사행 중에 지은 것이다. 명에서는 사신이 오면 용강역에서 접반을 보내 맞이 하였다.[43] 이숭인은 용강역에서 명의 접반을 통해 주탁의 일을 알았을 것이다. 「정월십칠일어당유현지동해역봉향인곽해룡득가서(正月十七日於戇榆縣之東海驛逢鄕人郭海龍得家書)」는 1월 17일에 당유현 동해역에서 곽해룡을 만나 집에서 보낸 편지를 받았다는 것인데, 지난해 임금의 명을 받았고 한 해를 또 넘겼다고[44] 했으니, 귀국길에 지은 것이다. 이때 편지를 전해준 곽해룡을 '곽 전객'이라 하였다. 곽해룡은 중랑장을 거쳐 우왕 12년에 전객령이 되었다.[45] 이숭인은 우왕 12년 9월에 하정사로 갔으며[46] 곽해룡은 12월에 출발하였다.[47] 그리하여 이들은 1월에 당유현[48] 동해역

돌아갈 때 주탁은 고려 관료들의 詩를 받아 갔다. "冬十月…張溥周倬等還…受朝臣贈行詩 覽而嘆曰 東方有人矣"

42) 龍江驛은 남경 부근에 있었다. 『陽村集』 권6 봉사록 「渡楊子江」, 「宿龍江驛…」, 「奉天殿朝見後賜宴于會同館」; 『雙梅堂篋藏集』 권2 관광록 「過楊州」, 「楊子江」, 「發龍潭」, 「投龍江驛」, 「投禮部尙書」

43) 『明史』 권56 지32 예10 「蕃王朝貢禮」, "明洪武二年定制 凡蕃王 至龍江驛 遣侍儀通贊二人接伴…凡蕃國遣使朝貢 至驛 遣應天府同知禮待"

44) "去年有君命…況復經歲時…路逢郭典客 尺書手自持"

45) 『高麗史節要』 권32 우왕 10년 12월, "置武藝都監 從譯人中郎將郭海龍之言也"

46) 『高麗史』 권136 열전49 우왕 12년 9월, "遣門下評理金湊同知密直司事李崇仁 如京師 賀正"

47) 『高麗史』 권136 열전49 우왕 12년 12월 丁酉, "遣典客令郭海龍 如京

에서 만나게 되었다. 따라서 이 시는 이숭인의 첫 번째 사행의 귀국 때에 지은 것이다.

권1 두 번째 부분의 사행시는 「도요곡(渡遼曲)」, 「오호도(嗚呼島)」, 「약유장가(若有杖歌)」 등이다. 「도요곡」에서, "요양성 위에는 봄바람이 불고 성 아래에는 황사가 날린다"고[49] 하였으니 1 · 2차 여부는 알 수 없으나 귀국 중에 요양에서 지은 것이다. 「오호도〈일명 반양산(半洋山)〉」은 시기를 알 수 없고, 「약유장가〉」 내용 중에, "1월 경사에서 요하 북쪽까지"라고 나와 있으니 우왕 13년 봄에 요양에서 지은 것이다.

권2의 사행시는 「천계사(天界寺)」 이하 13수와 「병인십이월십륙일부경사(丙寅十二月十六日赴京師)」 이하 8수가 있다. 「천계사」 시의 주에, "27일에 백관이 이곳에 모여 원일(元日)의 조회 의식을 연습하였는데, 그 다음 날에도 그렇게 하였다. 이는 대개 매년 의례적으로 거행하는 행사이다."[50]라고 하였다. 이는

師"

48) 『陶隱集』의 戇楡縣은 贛楡縣이다. 현재 贛楡縣은 강소 · 산동 양성의 交界에 있다. 贛楡縣의 서쪽이 東海縣(東海驛)으로 남쪽으로 회안, 고우로 간다. 『圃隱集』 卷1 「宿贛楡縣」; 『雙梅堂篋藏文集」 卷2 觀光錄 「山東回還 記所見聞」, "八歌初聞贛楡縣" 戇楡縣 東海驛의 노정은 정몽주의 경우 『圃隱集』 卷1에 「三月十九日 過海宿登州公館」, 「蓬萊驛」, 「龍山驛」, 「黃山驛」, 「萊州」, 「膠水縣」, 「丘西驛」, 「四月初一日高密縣」, 「宿贛楡縣」 등으로, 『雙梅堂篋藏文集」 卷2 觀光錄에는 「庚辰冬十一月日 早發安州 次趙相國松堂詩」, 「十一月三十日 渡鴨錄江」, 「二十八日 下船留登州有作」, 「除夜 宿朱橋驛」, 「東海驛 初見辛巳新曆」 등으로 확인된다.

49) "遼陽城上春風吹 遼陽城下黃沙飛"

50) 『陶隱集』 권2 「天界寺」〈此下十三首 出奉使錄 二十七日 百官會此 習

하정사로 온 이숭인 일행이 남경 천계사[51]에서 원일의 조회의(朝會儀)를 연습한 사실을 기록한 것이다. 다음 「정월초칠일출자금천문마상영회(正月初七日出自金川門馬上詠懷)」는 정월 7일에 금천문을 나와 귀국 길에 지은 것이다. 내용에 "송국공과 한국공이 문관과 무관을 거느리고 전정(殿庭)의 동쪽과 서쪽에 서 있었다."[52]고 하였으니 원일 조회의식을 회고하고 그 날의 감회를 귀국 길에 노래한 것이다. 송국공은 풍승(馮勝, ?~1395)을, 한국공은 이선장(李善長, 1314~1390)이다. 금천문은 남경 내성문 중 하나이다. 남경성은 외성, 내성, 황성, 궁성으로 이루어져 있었는데, 황성 북문의 하나가 바로 금천문이다.[53] 고려 사신은 이 문을 나와 귀국길에 올랐다. 금천문을 나오면 용강역이 있고 대강(양자강)이 나온다.[54] 시 형식이 동일하고 연결되는 내용으

元日朝儀 明日亦如之 蓋年例也〉」

51) 『大明一統志』 권6 南京 寺觀, "大天界寺〈在聚寶門外 晉建元文宗 改爲龍翔寺…本朝洪武中 徙建于此 賜今名"

52) 『陶隱集』 권2 「正月初七日出自金川門馬上詠懷」 "宋國公漢國公 領文武官 立殿庭東西"

53) 『大明一統志』 권6 南京 城池, "京城〈…立 門十三 南曰正陽 南之西曰通濟 又西曰聚寶…北曰太平 北之西 曰神策 曰金川……西曰清涼 西之北 曰定淮 曰儀鳳…〉" ; 『명사』 권40 지16 지리1 남경, "皇城之外曰京城…門十三…北之西 曰神策 曰金川 曰鍾阜…" 『讀史方輿紀要』 권20 江康府, "明初 定都於此 曰應天府…今府城卽明京城…明初 建爲京師 更新城闕 乃益廓而大之…內則皇城奠焉…北曰太平門 太平之西曰神策 又西曰金川……西曰清涼門 清涼之北 曰定淮曰儀鳳"

54) 『讀史方輿紀要』 권20 江康府 龍江關, "在儀鳳門外…又有龍江驛 在金川門外十五里大江邊 舟楫輻輳於此 位南北津要" ; 『讀史方輿紀要』 권20 江康府 大江, "在府城北二十二里…金陵志 都城在大江東南 自府西南一百里之慈姥山 至府東北百里之下蜀港 凡二百餘里 一名揚子江"

로 보아 「천계사」와 「정월초칠일출자금천문마상영회」는 같은 「봉사록」에서 나온 것으로 짐작된다.

이어지는 다음 시는 제목에 '부도(赴都)'라고 하였음으로 사행 중에 지은 것으로 보인다. 「장부도야숙양주지광릉역견강도사지현지장백연선생하세창연유작(將赴都也宿楊州之廣陵驛見江都史知縣知張伯淵先生下世悵然有作)」은 남경으로 향할 즈음에 양주의 광릉역에서 강도현[55]의 사지현에게서 이미 죽은 장부의 소식을 듣고 지은 것이다. 내용에 "세모에도 여전히 나그네 신세(歲莫仍爲客)"라고 하였으니 사행 중인 12월에 지은 것임을 알 수 있다. 이 시에 드러나듯 이숭인 일행은 남경에 가는 길에 양주의 광릉역, 강도현[56]을 지나갔다. 그 다음 이어지는 「양주주중만흥(楊州舟中漫興)」은 "봄바람 속의 일엽편주(春風一葉舟)"라 하였으니 귀국 때에 지은 것이다. 「입춘소백역주중(立春邵伯驛舟中)」은 입춘에 소백역에서 귀국 길에 지은 것이다. 최부의 『표해록』에 따르면 광릉역을 떠나 양주부성을 지났으니 하수를 따라 동쪽으로 갔다가 북쪽으로 가서 소백역에 이르니 역 북쪽에 소백호가 있었다고 한다.[57] 즉 소백역은 양주를 지나 북쪽으로 가는 길에 있었다. 그 다음 「주차고우호억포은훤정호정삼봉(舟次高郵湖憶圃隱萱庭浩亭三峯)」은 고우호에서 포은(정몽주),

---

55) 『명사』 권40 지16 지리1 揚州府, "〈…東有官河…今渾河也 南濱大江…北有邵伯湖 有邵伯鎮巡檢司〉"

56) 현재 江蘇省 揚州市 江都縣이다. 길은 揚州→江都→高郵로 통한다.

57) 『표해록』 권2 "朝發廣陵驛 過楊州府…沿河而東而北…至邵伯驛 驛北有邵伯太湖"

훤정(염정수), 호정(하륜), 삼봉(정도전)을 생각하며 지은 것이다. 훤정 염정수(?~1388)는 우왕 14년 정월에 임견미 제거 때에 사형되었음으로[58] 2차 사행 때에는 생존해 있지 않았다. 따라서 1차 사행의 귀국 때에 지은 것으로 보인다. 그런데 이 시는 양주, 소백역을 지나 고우호에 지어지는 여정을 보여주고 있음으로 같은 사행 시기일 것이다.

다음 「동관지밀수도중봉회포은삼봉(東關至密水途中奉懷圃隱三峯)」의 주에 "東關驛名隷青州府"라 하였다. 이 시는 청주부의 동관역에서 밀수로 가는 도중에 지은 것이다. 내용에서 "사신이 산동의 길로 급히 치달리는(使節山東路 驅馳敢自憐)" 상황을 말하였는데, 『쌍매당협장집(雙梅堂篋藏集)』에 사문도→용산역→내주→밀수역→동관역의 사행 여정을 보여주고 있다.[59] 따라서 이숭인의 시는 귀국 중에 지은 것이다. 「黃山途中」은 동관역, 밀수역을 지나 황산역에 도착하여 지은 것이다. 이 시의 주에 "황산역은 등주부 황현 속해 있다"고 하였다. 그리고 그 내용에 "봄바람이 사절에 불어온다(春風吹使節)"고 하였으니 이 시는 귀국 중에 지은 것이다. 이 시 뒤로 계속 이어지는 「조풍류등주차벽상시운(阻風留登州次壁上詩韻)」, 「천비묘차운(天妃廟次韻)」, 「사문도우제(沙門島偶題)」 등은 등주→사문도(천비묘)로 이어

58) 『고려사』 권137 열전50 우왕 14년 정월, "下三司左使廉興邦領三司事林堅味贊成事都吉敷右侍中李成林贊成事潘福海大司憲廉廷秀知密直金永珍密直副使林▩等于獄 并其族黨誅之語在堅味傳 ; 『고려사』 권126 열전39 간신2 林堅味, "誅堅味成林福海興邦吉敷廷秀永珍"

59) 『雙梅堂篋藏集』 권2 「夜泊沙門島」, 「次龍山驛達可韻」, 「萊州路上」, 「宿密水驛值雨 呈浩亭公」, 「宿東關驛」 참조.

지는 귀국 여정을 보여준다. 권2의 봉사시는 「가주로상문왕령공하세(嘉州路上聞王令公下世(〈명복명(名福命)〉」로 끝난다. 이숭인은 "강남에서 돌아오다가 왕복명의 부음을 들었다(我自江南返公亡路上聞)"고 한다. 가주는 평북 박천 지역으로 평양에서 압록강으로 가는 길목에 있었다.[60] 따라서 이 시는 이숭인이 압록강을 건너 귀국하던 중이었음을 알 수 있다.

권2의 두 번째 부분의 첫 시 「병인십이월십륙일부경사(丙寅十二月十六日赴京師)」은 병인년(우왕 12년, 1386) 12월 16일에 남경에 도착하여 지은 것이다. 이숭인은 이해 9월에 1차 사행을 떠났으니 무려 세 달이 걸려 남경에 도착한 것이다.[61] 하정사는 대체로 10월에 출발하였으니 이숭인 일행은 다른 때와는 달리 조금 일찍 출발한 것이다. 이숭인은 남경을 본 첫 소감을, "역사적으로 유례 없는 신경의 뛰어난 제도(神京制度超前古)"라고 하면서 "고향 사람에게 설명하려면 말을 길게 해야 하리(說與鄉人語合長)"라고 하며 찬탄하였다. 이어 원일(元日)에 봉천전에서 조회(「元日奉天殿早朝」)하였다. 조회에 참석했던 이숭인은, "의장대는 궁정의 상하에 도열하고 황제는 궁궐 중앙에 계시는데 사방에서 예물을 바치고 예악과 의관은 한·당보다 뛰어나다(彩仗分開庭上下 赭袍高拱殿中央 梯航玉帛通蠻貊 禮樂衣冠邁漢

60) 『陽村集』 권5 「點馬行錄」 「嘉州點馬」 "驛路飛騶疾若星" ; 『高麗史』 권82 지36 병2 站驛, "興化道 掌二十九 長寧[黃州] 安信[嘉州] 新安雲興[郭州]"

61) 『고려사』 권136 열전49 우왕 12년(1386, 홍무 19년) 9월, "遣門下評理金湊同知密直司事李崇仁 如京師 賀正 密直副使張方平 獻歲貢 雄馬十五匹 雌馬三十五匹"

唐)"고 칭송하였다.

그 다음 「등주봉래각감회(登州蓬萊閣感懷)」는 권1의 「약유장가」와 연결된다. 앞의 시에서, "말안장 내려놓고 다시 산 정상 향해 지팡이를 짚었다(征鞍初卸郡城西 又向峯頭杖瘦黎)"고 하였는데 이는 「약유장가」에서 "경사에서 요하까지 함께 했다"고 한 상황과 일치한다. 따라서 이 시는 1차 귀국 시에 지은 것이다. 다음 이어지는 「류사문도봉정동행평리상군(留沙門島奉呈同行評理相君)」은 등주를 지나 사문도에서 지은 것으로 "평리 상군"은 1차 사행의 정사인 문하평리 김주를 가리킨다. 이어 「개주(蓋州)」에서 "春光"을, 「정요위(定遼衛)」에서 "매화"를 언급 하였으니 봄에 귀국 중에 지은 것이다. 이어 「알기자사(謁箕子祠)」, 「부벽루차운록정순문령공(浮碧樓次韻錄呈巡問令公)」 등의 시는 귀국 길에 서경(평양)에서 지은 것이다. 「부벽루차운록정순문령공」에서 이숭인은 서경을 보고 응천부 상원현에 있던 용담역의 풍광을 떠올리며 출발 당시를 회고하며 무사 귀환에 안도했다.[62]

권3의 봉사시는 「十七日早朝 上御奉天門 臣崇仁等 蒙賜冠服獲與朝官列拜午門之外」로 시작한다. 이숭인은 17일 이른 아침에 홍무제에 조회하고 관복을 하사받았다. 이는 사신의 조회 상황을 보여주고 있다. 명의 「번왕조공례(蕃王朝貢禮)」에 의하면 천계사에서 3일을 의례를 연습하고 날짜를 택해 조회하였다.[63]

---

62) 『陶隱集』 권2 「浮碧樓次韻錄呈巡問令公」 "〈龍潭 驛名 肄應天府上元縣〉"

63) 『明史』 권56 지32 예10 「蕃王朝貢禮」, "明洪武二年定制 凡蕃王至龍江驛 遣侍儀通贊二人接伴…於天界寺 習儀三日 擇日朝見…凡蕃國遣使

이숭인 일행은 12월 17일 훨씬 전인 12일에 도착해 있었다.[64] 권2의 「丙寅十二月十六日赴京師」와 권3의 「十七日早朝…」는 날짜가 이어지고 있으나 전혀 다른 사행 시기이다. 1차 사행은 12월 16일에 도착하였기 때문에 3일만 의례를 연습하였다고 해도 20일 이후에야 조회가 가능하였다. 따라서 전자는 1차 사행, 후자는 2차 사행 때의 것이다. 이어 「是日皇太子御文華殿儀禮司序班前導入自左掖門列拜東宮南門之外」는 황태자를 조회한 것으로 역시 앞과 같은 날짜로 2차 사행 때의 것이다.

다음에 이어 지는 「詠安南」, 「詠流求」, 「旣賦二詠以示周君嗣昌…」 등은 원일 조회 때에 만난 안남(安南)과 유구(流求) 사신에 대해 읊은 것이다. 이 시들의 창작 시기는 알 수 없다. 다음 「용강역개선(龍江驛開船)」은, "강의 관문을 출발하여 하정사가 귀국하는 때(畫船撾鼓發江關 正是朝正使者還)"라고 하였으니 남경을 출발한 후 지은 것이다. 이숭인은 용강역을 출발하여 양자강[65](「양자강(揚子江)」)을 거쳐 양주부의 의진(「과의진(過儀眞)」)으로 갔다.[66] 양주를 지나(「과양주(過楊州)」, 「경화관유감(瓊花館有感)」[67]) 고우호, 범광호, 백마호를 통과하였다. 이들

朝貢 至驛 遣應天府同知禮待…習儀三日 擇日朝見"

64) 『明太祖實錄』 권194 홍무 21년 12월 임자, "高麗遣其臣李穡等上表賀明年正旦" 장동익, 『고려시대 대외관계사 종합연표』, 397쪽에 12월 임자는 12일이다.

65) 『大明一統志』 권6 南京 山川, "大江〈…自都城之西南 經西北 過鎭江東流入海 在本府界者 凡二百餘里 名揚子江…"

66) 『陶隱集』 권3 「過儀眞〈二首 今隷楊州府 古名眞州〉」

67) 『大明一統志』 권12 揚州府 土産, "瓊花〈一名玉蕋花…故宋歐陽脩 作無雙亭 以賞之…〉" ; 『嘉慶一統志』 卷97 揚州府2 古蹟 無雙亭, "漢代

호수는 양자강과 회하를 잇는 물길로 이숭인은 배를 타고 수로를 이용하였다.[68] 그런데 이때 동정(염흥방, ?~1388)을 회고하며 「주행자고우호과범광백마이호봉회동정포은이위선생(舟行自高郵湖過范光白馬二湖奉懷東亭圃隱二位先生)」을 지었다. 염흥방은 우왕 14년 정월에 임견미 제거 때에 사형당하였음으로[69] 이 시는 1차 귀국 길에 지은 것이다. 다음은 양주부의 보응현[70](「주중망보응(舟中望寶應)」)", 회음(「과회음유감표모사(過淮陰有感漂母事)」), 청주에 도착하였다.[71] 그 다음은 이어지는 노정을 따라 사문도(「사문도회고(沙門島懷古)」), 금주(「금주도중(金州途中)」), 압록강(「도압록(渡鴨綠)」) 등에서 시를 지었다. 마지막에 실린 시, 「도압록」의 주에 "三月初二日"이라 하였다. 3월 초에 압록강을 건넜음으로 이숭인은 3월 중에는 개경으로 돌아왔을 것이다. 그런데 2차 사행은 4월에 도착하였음으로 「도압록」까지의 시는 1차 사행의 봉사록에서 왔다. 「용강역개선」부터

揚州城東 曾有一株瓊花 當時有人特爲之建瓊花觀 宋朝歐陽修 做揚州太守時 又在花旁建建無雙亭"

68) 『陶隱集』 권3 「舟行自高郵湖過范光白馬二湖奉懷東亭圃隱二位先生」, "高郵城下片帆張"; 『표해록』 권2 무신년(성종 19) 2월 27일, "大江淮河 四五百里間 地多大浸巨湖 如邵伯湖高郵湖界首湖白馬湖等 湖之大者 四面無際"

69) 『고려사』 권137 열전50 우왕 14년 정월, "下三司左使廉興邦領三司事林堅味贊成事都吉敷右侍中李成林贊成事潘福海大司憲廉廷秀知密直金永珍密直副使林▩等于獄 幷其族黨誅之語在堅味傳 ; 고려사』 권126 열전39 간신2 林堅味, "誅堅味成林福海興邦吉敷廷秀永珍"

70) 『명사』 권40 지16 지리1 揚州府 고우주, "寶應〈州北 西有渾河 又有氾光白馬射陽等湖〉

71) 『陶隱集』 권3 「超然臺〈在諸城縣 古之密州 今隸青州府〉」

「도압록」까지의 시는 노정이 이어지고 있어서 1차 사행 때의 것으로 추정된다.

이상에서 살펴본 바와 같이 권1~3에 걸쳐 「봉사록」에서 나온 시는 모두 47수이다. 『도은집』은 시기를 고려하지 않고 편차 했는데, 따라서 「봉사록」도 시기가 고려되지 않았다. 「봉사록」은 1 · 2차 모두 작성한 것으로 나와 있고, 실제 봉사시의 창작 시기를 추정해보아도 1 · 2차 사행 때의 것이 모두 확인되고 있다. 「봉사록」도 『도은집』을 편집할 때 시 형식에 따라 나누었는데, 이렇게 됨에 따라 1 · 2차 사행(「봉사록」)을 구분할 수 없게 되었다.

IV. 이숭인의 사행로

『도은집』을 편집할 때 시 형식에 따라 나누었기 때문에 「봉사록」도 1 · 2차의 것의 혼재되어 있다. 이렇게 됨에 따라 1 · 2차 사행(「봉사록」)을 구분할 수 없게 되었다. 그렇지만 내용 검토를 통해 어느 정도 윤곽은 확인할 수 있는데, 이를 정리하면 〈표 2〉와 같다.

〈표 2〉 「봉사록」의 시기 구분

권수	제목	창작 시기
권1	「題謝大年望雲詩卷」	?
	「龍江舟中有懷北平周參政 名倬字雲章	2차, 사행
	「正月十七日於䡾榆縣之東海驛逢鄕人郭海龍得家書	1차, 귀국
	「渡遼曲」	?, 귀국
	「嗚呼島〈一名 半洋山〉」	1차, 귀국(?)
	「若有枚歌〈用洪武正韻〉」	1차, 귀국
권2	「天界寺」	?
	「正月初七日出自金川門馬上詠懷」	?
	「將赴都也宿楊州之廣陵驛見江都史知縣知張伯淵先生下世悵然有作	?, 사행
	「楊州舟中漫興」	?, 귀국
	「立春邵伯驛舟中」	귀국
	「舟次高郵湖憶圃隱萱庭浩亭三峯	1차, 사행
	「憶次若次騫	?
	「東關至密水途中奉懷圃隱三峯	?, 사행
	「黃山途中	?, 사행
	「阻風留登州次壁上詩韻」	?, 귀국
	「天妃廟次韻	?, 귀국(?)
	「沙門島偶題」	?, 귀국(?)
	「嘉州路上聞王令公下世	?, 귀국
	「丙寅十二月十六日赴京師	1차, 사행
	「元日奉天殿早朝	2차, 사행
	「登州蓬萊閣感懷」	1차, 귀국
	「留沙門島奉呈同行評理相君	1차, 귀국
	「蓋州」	?, 귀국
	「定遼衛」	?, 귀국
	「謁箕子祠」	?, 귀국
	「浮碧樓次韻錄呈巡問令公」	?, 귀국
권3	「十七日早朝 上御奉天門 臣崇仁等 蒙賜冠服 獲與朝官列拜午門之外	2차, 사행
	「是日皇太子御文華殿儀禮司序班前導入自左掖門列拜東宮南門之外	〃

권수	제목	창작 시기
권3	「詠安南」	?
	「詠流求」	?
	「旣賦二詠以示周君嗣昌嗣昌曰願聞自詠輒口號 嗣昌廣東貴溪人也今爲會同館大使	?
	「龍江驛開船」	1차(?), 귀국
	「揚子江〈二首〉」	1차, 귀국(?)
	「過儀眞〈二首〉」	〃
	「過楊州」	〃
	「瓊花館有感」	〃
	「舟行自高郵湖過范光白馬二湖奉懷東亭圃隱二位先生」	〃
	「舟中望寶應」	〃
	「過淮陰有感漂母事」	〃
	「超然臺	〃
	「沙門島懷古」	〃
	「金州途中」	〃
	「渡鴨綠〈三月初二日〉」	1차, 귀국

〈비고〉 1차 : 우왕 12년 9월~우왕 13년 3월, 2차 : 창왕 즉위년 10월~원년 4월
사행 : 개경→명의 남경, 귀국 : 명의 남경→개경, (?)=추정, ?=미상

그러면 이숭인의 사행로는 어떤 노정이었을까. 이숭인은 「약유장가(若有杖歌)」에서, “경도의 누대와 저자에서 함께 마시며 노래했고 장강과 회하 청주와 연주 수천 리 길을 동행했지(京都酒樓與歌市 江淮靑兗數千里)”라고 하였다. 이 시에서 남경→장강→회하→청주(靑州)→연주(兗州) 등의 여정이었다고 하였다. 그런데 1·2차 사행은 모두 하정사였고, 노정도 동일하였던 것으로 보인다. 이에 대해서는 다음이 참고 된다.

내가 일찍이 두 차례 사명을 받들고 중국에 갔다. 요습(요동)을

> 지나 내양(萊洋)을 횡단하여 제(齊), 노(魯)의 유허를 경유하고 대하와 강회를 건너 곧장 천자의 도성으로 나아갔다. 장려한 궁궐과 성곽, 끝없이 이어지는 산과 강과 땅, 분명하게 갖추어진 예악과 전장, 그리고 엄중한 진신과 공경을 보는 동안에 심목이 활짝 열리면서 바다 모퉁이에서 태어난 것 같지 않은 느낌을 가졌으니 정말 장유(壯遊)라고 말할 만하였다. 물러나 돌아올 때에는 오히려 왕사(王事)에 일정이 있는 관계로 멀리 노닐며 관광하지 못한 것이 유감스럽다.[72]

이 글에서 이숭인은 두 번의 사행을 언급하며 요동→내양→제·노→대하→강회→남경 등의 여정이었다고 하여 1·2차 사행을 구분하지 않았다. 따라서 1·2차 사행로가 동일함을 알 수 있다. 이에 『도은집』의 「봉사록」을 참고하여 이숭인의 사행로를 정리해 보면 다음과 같다.

> 개경→서경→가주→압록강→정요위→금주→오호도→황산역(등주부)→내주[73]→밀수역→동관역→청주→당유현(戇楡縣, 贛楡縣) 동해역→회음→보응현→고우역→소백역→강도현→광릉역→양주→의진역→용담역→용강역→남경

72) 『陶隱集』 권4 「送雨千峯上人游方序」, "吾嘗奉使中原者再 過遼霫截萊洋 徑齊魯之墟 涉大河江淮之奔放 直造乎天子之都 見宮闕城郭之壯麗 河山土宇之綿亘 禮樂典章之明備 縉紳公卿之嚴重 心目割然 似非海隅之産 可謂壯游矣 及退而歸也 猶以王事有程 未能極游觀之遠爲恨"

73) 『陶隱集』 권5 「裵烈婦傳」, "他日中原之士知東方有此烈婦 當自景淵始幸識之 景淵姓杜 名浩 河南開封人 邂逅於萊州之公舘 臨別 錄烈婦傳而去 予題其錄本之後如上云"

그런데 이 사행로는 우왕 12년(홍무 19년, 1386) 2월~7월에 있었던 정몽주의 사행로와 거의 같다. 즉, 정몽주의 사행로는 요동→발해→등주→봉래역→용산역→회하→범광호→대강(양자강)→용담역→남경 등으로 간략히 정리할 수 있다.74) 이러한 노선은 육로와 해로의 병용 노선이었다. 공민왕 21년(1372) 3월 하평촉사의 귀국을 계기로 요동반도에서 산동반도를 건너가는 해 · 육로 겸용 노선이 열리게 되었다.75) 그러나 이것은 일시적인 것으로 명은 이후에도 요동 육로를 허락하지 않았다. 우왕 9년 정월까지도 명은 고려가 나하추와 왕래한다고 책망하며 육로 사행을 막았다. 이에 고려는 요동을 통과하지 못하고 계속 해로를 통해 사신을 보내야만 했다. 그런데 우왕 12년(1386) 2월, 정몽주는 요동반도로 가서 산동 반도로 건너가는 해 · 육 노선으로 남경에 갔다.76) 이렇게 하여 이숭인 일행 역시 요동으로 가서 요동반도로 남하하여 발해를 건너 등주에 도착한 후 육로와 수로를 따라 남하하여 남경에 이르는 사행로를 이용하였다.

---

74) 『三峰集』 권3 「圃隱奉使藁序」, "有渡海宿登州公館詩 蓬萊驛示韓書狀〈尙質〉詩 道龍山邐迤逾淮河 登舟沿范光湖 絶大江至龍潭 皆有題詠…道傳於洪武十八年 從先生賀天壽聖節 今誦其詩 卽其事 想其地 宛然在目 詩可以觀 不其信歟…洪武十九年六月下澣 序"
75) 고려와 명의 교통에 대해서는 박현규, 「高麗 賀平獨使의 수로 교통」, 『포은학연구』 4, 2009 ; 김철웅, 「고려와 중국 원 · 명 교류의 통로」, 『동양학』 53, 2013, 참조.
76) 이에 대한 분석은 김보정, 앞 논문, 2010, 259~261쪽 참조.

V. 맺음말

이숭인은 고려 말에 학문과 문장으로 널리 알려져 있었다. 이숭인의 문장은 이색이 인정한 바였고, 정도전보다 뛰어나다는 평가를 받았다. 그리하여 그의 문학에 대해 활발한 연구가 진행되어 왔다. 그러나 동시대의 인물들에 비해 그에 대한 연구 성과는 다소 미흡한 편이다. 이에 지금까지 크게 관심 갖지 않았던 그의 대명 사행과 「봉사록」에 주목해보았다.

이숭인이 정치 활동을 시작했던 공민왕대 말기는 원이 북쪽으로 쫓겨 가고 중원에 새로 명이 등장하던 혼란기였다. 공민왕의 시해와 요동 정벌 등의 문제로 인해 우왕 대에는 양국 관계가 원만하게 전개되지 않았다. 이러한 시기에 이숭인은 명으로 두 번의 사행을 다녀왔다. 이숭인이 처음으로 명에 사신을 가게 된 것은 우왕 12년(1386) 9월이었고 두 번째 사행은 창왕 즉위년(1389) 10월이었다. 고손지에 의하면 이숭인은 명에 가서 “한 시대의 성화와 문물을 보고는 이를 펼쳐 제술하며 성덕의 모습을 찬미하였다.”고 한다. 일찍부터 친명 노선을 택했던 이숭인이 중원의 새로운 주인이 된 명을 칭송한 것은 당연한 일이었다.

이숭인은 우왕 12년 9월에 하정부사로 파견되었다. 일찍부터 친명 노선을 분명히 했던 이숭인은 자신이 하정사가 되었다는 것이 남다른 의미로 다가왔을 것이다. 그의 사행은 명의 인사들과 직접 교유할 수 있는 좋은 기회였다. 창왕 즉위년 10월에 있었던 이숭인의 두 번째 사행은 고려 정국에 큰 파장을 몰고 왔다. 위화도 회군 이후 정계를 장악해 가던 이성계 일파를 견제하고자 친명관계를 더욱 강화하기 위해 이색은 자청해서 사행을 갔다. 그렇지만 사행 이후 이색 일파는 몰락하게 되었다. 그 빌미는 이숭인의 사무역이었다.

이색과 이숭인은 왕관감국과 창왕의 입조 등을 요청하였다. 이러한 정국의 상황을 돌파하려는 이성계 세력은 이숭인의 사무역을 특별히 문제 삼아 이숭인을 집중적으로 탄핵하였다. 이에 그를 옹호하던 권근이 유배되었고, 사행에 책임을 진 이색은 퇴직하지 않을 수 없었다. 결국 이숭인의 두 번째 사행은 우왕과 창왕을 지지하던 이색, 이숭인 등이 정계에 물러나게 되는 결과를 가져왔다.

한편 이숭인은 사행 과정을 시로 남겨 이를 「봉사록」이라 하였다. 그는 1, 2차 사행에서 「봉사록」을 작성하였다. 그러나 『도은집』의 편집 과정에서 시의 형식에 따라 분산되어 그 실체를 잃고 말았다. 『도은집』에서 출처를 밝힌 「봉사록」을 분석하여 그의 1, 2차 사행 과정을 어느 정도 복원할 수 있었다.

이숭인의 사행로는 요동반도에서 산동반도를 건너가는 해로와 육로의 겸용 노선이었다. 그 길은 요동으로 가서 요동반도를 남하하여 발해를 건너 등주에 도착한 후 육로와 수로를 따라 남하하여 남경에 이르는 여정이었다. 이 사행로는 우왕 12년 2월~7월에 있었던 정몽주의 사행로와 일치한다.*

---

* 이 논문은 「이숭인의 明 使行과 奉使錄」(『한국인물사연구』 20, 2013)을 수정한 것임.

〈참고문헌〉

李炳赫, 「麗末漢文學의 朱子學的인 傾向에 대하여-陶隱 李崇仁을 중심으로-」, 『石堂論叢』 10, 동아대 석당학술원, 1985.

朴性奎, 「陶隱 李崇仁論-그의 詩世界를 中心으로-」, 『동양학』 21, 단국대 동양학연구원, 1991.

姜芝嫣, 「李崇仁의 政治活動에 대한 一考察」, 『全州史學』 4, 전주사학회, 1996.

魚江石, 「陶隱 李崇仁의 삶과 시문학의 특징」, 『清溪論叢』 2, 한국정신문화연구원, 2000.

梁鎭湖, 『陶隱 李崇仁의 詩世界 硏究』, 중앙대 박사학위논문, 2001.

엄경흠, 「정몽주와 권근의 사행시에 표현된 국제관계」, 『한국중세사연구』 16, 한국중세사학회, 2004.

楊正泰, 『明代驛站考』, 상해고적출판사, 포은학회, 2006.

박현규, 「高麗 賀平獨使의 수로 교통」, 『포은학연구』 4, 2009.

장동익, 『고려시대 대외관계사 종합연표』, 동북아역사재단, 2009.

김보정, 「여말선초 對明 남경사행로의 분석과 영향」 『지역과 역사』 27, 부경역사연구소, 2010.

고혜령, 「陶隱 李崇仁의 생애와 역사적 위상」, 『민족문화논총』 50, 영남대 민족문화연구원, 2012.

장재천, 「이숭인의 삶과 족적에 대한 평가」, 『한국사상과 문화』, 한국사상문화학회, 2012.

최우경, 「初刊本 『陶隱集』의 刊行과 版本」, 『고인쇄문화』 19, 고인쇄박물관, 2012.

김철웅, 「고려와 중국 원·명 교류의 통로」, 『동양학』 53, 단국대 동양학연구원, 2013.

색 인

[ㅈ]

[ㅊ]

[ㅌ]

[ㅍ]

[ㅎ]

이종수　　전덕재　　김영제　　김철웅

동아시아의 교통로와 대외관계
초판 인쇄 _ 2014년 2월 20일
초판 발행 _ 2014년 2월 25일

엮은곳 _ 단국대학교 동양학연구원
펴낸이 _ 장호성
기　획 _ 이재석
제　작 _ 김남필
편　집 _ 성두현 · 박보혜
펴낸곳 _ 단국대학교출판부
등　록 _ 1968.2.27 : No. 제03-00095호
주　소 _ 경기도 용인시 수지구 죽전로 152
전　화 _ 031-8005-2404~5
팩　스 _ 031-8021-7154

값 18,000원

ISBN 978-89-7092-517-2　93910

＊ 이 도서는 2013년도 단국대학교 교비 지원으로 출판되었음